第6辑

邮轮中国编委会 编

邮轮中国

CHINA CRUISE

上海交通大學出版社
SHANGHAI JIAO TONG UNIVERSITY PRESS

内容提要

本书为“邮轮中国”丛书的第6辑，选材内容兼具时效性与前瞻性，设置了“邮轮资讯”“邮轮纵横”“邮轮史话”“邮轮经管”“饮水思源”“邮轮文化”“港城巡礼”“邮轮与港口”等八个板块。本书多角度多层次生动形象地介绍了近年来我国邮轮产业的发展与相关知识，为读者打开了邮轮世界的大门，同时还融入了中华优秀传统文化的传播，具有一定的科普性和阅读性。本书适合从事邮轮研究和对邮轮感兴趣的读者阅读。

图书在版编目 (CIP) 数据

邮轮中国 . 第 6 辑 / 邮轮中国编委会编 . -- 上海 : 上海交通大学出版社 , 2025.4. -- ISBN 978-7-313-32231-9

Ⅰ . F592.68

中国国家版本馆 CIP 数据核字第 2025E17Y12 号

邮轮中国（第6辑）

YOULUN ZHONGGUO(DI 6 JI)

编　　者：邮轮中国编委会

出版发行：上海交通大学出版社　　地　　址：上海市番禺路951号

邮政编码：200030　　电　　话：021-64071208

印　　制：上海锦佳印刷有限公司　　经　　销：全国新华书店

开　　本：890mm × 1240mm　1/16　　印　　张：7.5

字　　数：141 千字

版　　次：2025 年 4 月第 1 版　　印　　次：2025 年 4 月第 1 次印刷

书　　号：ISBN 978-7-313-32231-9

定　　价：88.00 元

策划编辑　张　燕

责任编辑　张　燕

封面设计　南亩文化传播有限公司

本辑出版得到上海交通大学党委统战部的资助

上海交通大学 SHANGHAI JIAO TONG UNIVERSITY　邮轮中国 CHINA CRUISE

国产大型邮轮主题展

CHINA CRUISE

向海而生　向海而强　向海而美

展览日期

2025年春（具体关注官网）

展览地点

华山路1800号钱学森图书馆B层临展厅

主办单位：上海交通大学党委宣传部 | 民盟上海市委参政议政部

承办单位：民盟上海交通大学委员会 | 邮轮中国编委会 | 民盟“邮轮业发展中心” | 上海外高桥造船有限公司

编者的话

Editor's notes

2025 年将是欣欣向荣的一年，全国上下都在全面贯彻党的二十届三中全会精神，全面贯彻新发展理念。在这一年，我们的《邮轮中国（第 6 辑）》如期与读者见面了，旨在为中国邮轮产业的高质量发展尽一份绵薄之力。

2024 年我国首制大型邮轮“爱达·魔都号”顺利投入运营并取得了良好的成绩，这是一个积极良好的开端。第二艘国产大型邮轮历经 9 个月已经实现了全船贯通，比首艘邮轮建造缩短了 5 个月，预计在 2026 年可以交付运行。我作为一个从事船舶业 60 余载的造船人为新兴邮轮业的发展感到欣喜。在此，我谨代表邮轮中国编委会，衷心希望中国的邮轮业能在扩大国内需求、推动科技创新和产业创新融合发展上有所作为，并在人工智能等高新科技的引领下获得更好的发展。我希望各位读者有机会登上国产大型邮轮体验一下海洋的美好，并提出宝贵的意见和建议；也诚挚欢迎大家踊跃投稿，分享乘坐国产邮轮的体验，分享邮轮生活、邮轮购物、邮轮文化和航线景观等方面的点点滴滴。

2024 年也是中法建交 60 周年，本辑特刊登相关篇章，以纪念在那个觉醒年代为探求真理搭乘邮轮远洋留学法国的那些青年，并供读者更多的回顾与阅读观赏。

张圣坤

2025 年元月

|邮箱 china_cruise@sjtu.edu.cn |固定电话 021-62933017
|地址 上海市徐汇区华山路 1954 号 上海交通大学徐汇校区

ADORA MAGIC CITY

目　录 CONTENTS

"爱达·魔都号" 曹惠忠 / 摄

第一篇 邮轮资讯

曹惠忠 / 摄

在新质生产力建设中推进邮轮业发展沙龙讲座在上海交通大学举办

文 / 中国民主同盟上海交通大学委员会

2024年4月19日上午，由上海交通大学党委统战部、民盟上海交通大学委员会、民盟“邮轮业发展中心”联合主办的“聚·交”——在新质生产力建设中推进邮轮业发展首期系列沙龙讲座报告会在徐汇校区总办公厅200室成功举行。上海交通大学党委常委、宣传部部长胡昊，上海交通大学原副校长、民盟中央原副主席、《邮轮中国》总主编张圣坤，民盟上海交通大学委员会秘书长申丽萍、委员滕念管、原副主委朱本华，民盟主委助理兼副秘书长、《邮轮中国》编委兼秘书长周彩玲，民盟中央青委会委员罗俊，民盟船舶委员会主委、中船第九设计院规划景观院院长陈岚，中船科技发展有限公司首席战略专家黄雪忠，国际船舶海工网副总李新坤，上海邦得船舶内装(集团)有限公司总经理柳伟成，宝山区政协副秘书长丁顺强等，以及部分高校在校学生60多人参加。讲座报告会由民盟上海交通大学委员会副主委、《邮轮中国》副主编李卫东主持。

胡昊代表上海交通大学党委在致辞中充分肯定了民盟上海交通大学委

“聚·交”——在新质生产力建设中推进邮轮业发展沙龙讲座

员会发起创办的《邮轮中国》开创了国内邮轮科普书籍先河，为本土邮轮业的发展和邮轮文化的传播作出了贡献。他还指出，国产首艘大型邮轮“爱达·魔都号”的诞生，标志着中国成功摘取世界造船业“皇冠上的最后一颗明珠”，据此，我国已经成为全球唯一一个目前同时建造航空母舰、大型液化天然气（LNG）运输船、大型邮轮的国家。值得一提的是，这三颗“明珠”都在上海诞生，都与上海交通大学息息相关。上海交通大学以船舶专业为优势，在128周年校庆月里举办首期邮轮业系列讲座，旨在通过相互交流碰撞，将本土邮轮的发展推向新的里程碑，助力推进新质生产力发展。

随后，为支持民盟上海交通大学委员会创办的《邮轮中国》，上海望烛模型有限公司向《邮轮中国》捐赠国产首艘大型邮轮“爱达·魔都号”原型模型一艘。在捐赠仪式上，张圣坤与胡昊一同上台接受了捐赠并为曲清总经理颁发了捐赠证书。

接着，民盟上海船舶系统委员会副主委蔡东伟作《新质生产力打造邮轮“制造港”——新形势下通过技术创新做强邮轮制造体系的路径探索》报告，他阐述了全面贯彻《推进国际邮轮经济高质量发展上海行动方案（2023—2025年）》，并就“构建上海‘枢纽港＋总部港＋制造港’邮轮经济新模式的战略研究”课题进行了解读，他建议探索“研发创新＋先进制造技术＋信息化与智能化＋高效供应链管理”一体化，打造邮轮制造港的新质生产力要素，实现产业链、供应链的融合与优化。

上海交通大学终身教育学院副教授、民盟上海市委高等教育委员会委员、民盟长宁区委委员、区政协委员、区统战智库联合会委员陈俊作题为《整合 融合 竞合：本土邮轮品牌竞争力提升战略与路径》的报告。她就推动经济高质量发展、建设现代化经

■左图：捐赠“爱达·魔都号”原型模型

■右图：蔡东伟作报告

左图：陈俊作报告

右图：何红弟作报告

济体系作了重点讲述，并指出，要基于品牌知名度、品牌形象和品牌体验的品牌资产构建模型，探索融合科技、文化、市场和相关新要素，提高品牌认知度，进一步提升本土邮轮品牌的竞争力。

上海交通大学船舶海洋与建筑工程学院副教授、博士生导师何红弟作《构建环境友好与韧性共存的邮轮未来》的报告，他就中国邮轮全产业链生态体系建设的必要性和迫切性进行科学的认识和评价，并提出了建立一套科学合理的中国邮轮全产业链生态体系，这样既可准确衡量我国邮轮产业链发展现状，又能明确邮轮产业未来发展的主攻方向。

最后，张圣坤作点评和总结。他指出，从2024年邮轮复航以来，上海口岸进出境国际邮轮157艘次、邮轮旅客27万人次。一季度上海口岸进出境国际邮轮69艘次。其中，国产首艘大型邮轮“爱达·魔都号”已完成进出境41艘次，搭载旅客15.4万人次。当前，虽然邮轮业整体向好，但是邮轮全产业链还将有十年漫长的发展之路要走，中共二十大明确提出要实现绿色低碳和高质量发展，我们要深刻领会新质生产力的精神实质和内涵，立足产业实际，推进科技融合创新，提升邮轮产业的国际竞争力。

本次主题讲座是继2021年和2023年邮轮论坛后的又一次深化中国邮轮业顶层设计的思考和碰撞，通过讲座报告，进一步激发和促进产业链上下游各环节的跨界跨学科跨行业的交流，从而使我国的邮轮产业与时俱进，更上一层楼，在新质生产力建设中，推进和重塑邮轮业新发展。

我国首部邮轮行业团体标准正式发布

文 / 招商局集团有限公司

中国航海学会正式发布团体标准《邮轮接驳艇安全技术与操作指南》（以下简称“标准”），从2024年9月1日起正式实施。该标准由招商局集团旗下的招商局邮轮有限公司牵头制定，是中国邮轮行业首部涉及邮轮安全操作的技术标准，填补了国内邮轮行业技术标准的空白。

标准科学确定了邮轮接驳艇技术要求、安全管理要求、艇员培训要求等，规范了邮轮接驳艇本质安全和作业安全水平，可以有效指导中国沿海水域邮轮接驳作业，解决了中国沿海邮轮泊位不足，邮轮接驳作业无技术标准和依据的难题。该标准的发布实施，扩大了中国沿海邮轮旅游覆盖范围，为中国沿海水域全域发展邮轮经济赋能，释放邮轮经济活力。

2022年12月，招商邮轮联合深圳海事局、中国船级社深圳分社、大连海事大学等单位，依据“政产学研用”一体化的思路完成标准立项。立项后，招商邮轮集中优势资源，在公司内部选拔优秀人才成立专项项目组，协调各成员单位组织多次研讨会，开展接驳实验，历时1年半完成了该标准的起草、论证、实验、修订和评审，在标准研讨会和审查会上得到地方政府部门和行业专家的一致认可。

自组建我国第一家豪华邮轮公司以来，招商邮轮坚持以守正创新的原则开展邮轮自主经营管理，充分吸收国际邮轮公司的管理经验，经过三年的积累和沉淀，已经形成具有中国特色的豪华邮轮安全管理体系。截至目前，已牵头发布团体标准1项，参与行业标准申请1项，发表学术论文7篇，为中国邮轮的高质量发展提供范例。

国内多了一家极地邮轮公司

文 / 邮轮 News 星星

2024 年 9 月 9 日，国内首个极地邮轮品牌——66 度探险邮轮在广州发布。

66 度探险邮轮公司是全球首家具有中资背景的极地探险邮轮公司，其旗下的“海神号”预计于 2025 年 5 月开启北极航线，未来该公司还将打造新的邮轮。

据悉“海神号”拥有 Super1A 的最高抗冰等级，能够支持冰区航行条件，是可以深入南北极腹地峡湾的小型探险邮轮。

该船还提供中英双语服务、中文菜单、高速宽带互联网服务、专业摄影师以及极地陪玩师，最大限度地满足中国游客的需求。

“海神号”邮轮

邮轮小百科

所属品牌：	66 度探险邮轮	邮轮吨位：	6752 吨
中文名称：	海神号	邮轮长度：	112 米 ±
英文名称：	Seaventure	邮轮宽度：	17 米 ±
建造年份：	1990 年	最大载客：	150 人 ±
最近翻新：	2022 年	船员总数：	100 人 ±

「花」自广州来

——爱达邮轮发布旗下第二艘国产大型邮轮船名

文 / 中船邮轮

■"爱达·花城号"船名发布现场

在2024年10月25日举行的广州市旅游发展大会上，中船邮轮旗下全能力运营公司爱达邮轮（Adora Cruises）正式发布旗下第二艘国产大型邮轮船名——"爱达·花城号（Adora Flora City）"。

"爱达·花城号"船名灵感缘于母港城市广州。广州素有"花城"的美誉，不仅是中国古代海上丝绸之路的发祥地，更是当今中国对外交流开放的南大门，古往今来多元文化在这里碰撞融合。四季花开，玩在广州，"爱达·花城号"从全面布局到产品设计都将为中外乘客带来更具科技感、更生活化、更有中国特色的文化探索之旅。

相比于国产首艘大型邮轮"爱达·魔都号"，"爱达·花城号"总吨位更大、船身更长，舱房数增加至2130间。第二艘国产大型邮轮全船布局经过提升优化，不仅新增多种套房房型，中庭面积更是扩大一倍，扩大的公共区域为乘客留出了更多海上活动空间。除此之外，基于国人登船、离船、上网、购物等习惯特点，“爱达·花城号”将迎来值船、结算、通信系统的全面升级，提升全船自主集成信息管理系统的科技智能程度，为乘客带来速度更快、操作更便捷、程序更简洁的办理体验。

一艘邮轮的气质与它的母港城市息息相关。广州地处珠江三角洲，四时花开的自然条件赋予这座城市流动的生机，历史悠久的人文环境更是孕育出了富有烟火气的慢节奏生活。“爱达·花城号”从产品设计至邮轮体验将立体呈现“广州气息”——内装和艺术品设计将以“花卉”为主线，融入海上丝路、岭南风情等文化元素；新增的开放式多功能社交空间，以花城为灵感打造集娱乐表演、休闲疗愈、社交互动、咖啡文化于一体的“海上街心花园”，每日因时改变场景，让乘客沉浸式享受轻松惬意的海上邮轮假期。如广州极负盛名的早茶、粤剧等特色届时也会登上邮轮，全方位诠释东方与西方、自然与人文和谐交融的“花城”概念，让每次航行成为全新的感官沉浸和文化探索之旅。

古往今来，多元的文化碰撞交汇在广州。岭南文化、广州城市文化、海上丝路文化都留下了深厚的历史积淀，同时也成为“爱达·花城号”艺术设计、文化底色的重要来源，更多广州元素、海上丝路元素将被引入设计灵感，持续为乘客提供“邮轮+文化”的高端邮轮体验，而这也是爱达邮轮一贯秉持的品牌战略。

“爱达·花城号”中庭

"爱达·花城号"水上乐园

"爱达·花城号"的部署，不仅促成了"城市+邮轮"文商旅优质资源的融合，完成了爱达邮轮在中国北海、南海和东海邮轮市场的全面部署，并且在扩充邮轮船队规模的同时，打造出国际邮轮运营中国范式的又一力作。

爱达邮轮船队的另一成员——"艺术之船""爱达·地中海号"在2024年12月18日完成东南亚5国13日长航线抵达广州后，开启广州母港航季，执航3天2晚至6天5晚的国际邮轮航线，覆盖中国香港以及日本、越南等多个热门旅游目的地，率先为华南地区的乘客带来爱达邮轮标志性的"邮轮+文化"创新文旅体验。

未来，爱达邮轮作为亚洲最大的邮轮运营公司，将继续扩大团队规模、优化团队布局、提高乘客体验，为邮轮高质量发展贡献充沛的活力。

"爱达·花城号"

第十七届中国邮轮产业发展大会（CCS17）在天津滨海新区开幕

文 / 大会主办方

2024 年 10 月 17 日，第十七届中国邮轮产业发展大会（CCS17）在天津市滨海新区隆重开幕。本届大会由中国邮轮游艇游船产业联盟、中国交通运输协会邮轮游艇分会（CCYIA）、主办，天津东疆港城文旅集团有限公司、天津港（集团）有限公司、华夏国际邮轮有限公司联合主办，大会得到天津滨海新区人民政府、天津市文化和旅游局、天津市商务局、天津市交通运输委员会、天津东疆综合保税区管委会的大力支持。来自全球 13 个国家和地区的管理部门负责人、邮轮上下游产业链企业家、专家学者等超过 500 人参加大会。大会成功举办了 1 场开幕式、2 个主论坛、5 个主题论坛、2 个闭门会、2 场晚宴和 1 天考察调研，邀请国内外 89 位嘉宾发表了精彩演讲。

2024 年上半年，国家相关部委相继出台支持邮轮发展政策措施，特别是 5 月 22 日国务院召开了政策例行吹风会，首次专题介绍邮轮经济发展情况和最新政策法规，这次多个部委相关负责人到会指导邮轮发展，不仅体现了中央对发展邮轮产业的高度重视，更为我国邮轮产业高质量发展提供了有力保障。2024 年以来全国各地邮轮港口全面复航工作如火如荼展开，国产首艘大型邮轮“爱达·魔都号”成功开启商业运营，华夏国际邮轮公司正式成立，皇家加勒比游轮、MSC 地中海邮轮等国际邮轮公司重启中国航线，招商维京邮轮开创入境游新模式，蓝梦邮轮、东方邮轮等民营邮轮企业

第十七届中国邮轮产业发展大会现场

逐步树立品牌竞争力。在各方共同努力下，我国邮轮产业持续向好，中国邮轮产业迎来全新格局。

在第十七届中国邮轮产业发展大会上，中国交通运输协会邮轮游艇分会、北京农产品流通协会签订联合制定《中国国际邮轮食品团体标准》的合作协议，这标志着该重要标准的制定工作正式启动。

本次签约仪式旨在通过合作与共享，推动中国国际邮轮食品行业的标准化、规范化发展，提升邮轮食品的质量和安全性，为消费者提供更加优质、健康的邮轮餐饮服务。

《中国国际邮轮食品团体标准》由中国交通运输协会邮轮游艇分会、北京农产品流通协会牵头发起，联合有关机构、有关企业共同编制，该标准将以全球良好农业规范（GLOBAL G.A.P+）标准、中国农业农村部名特优新农产品标准等国内外现有食品标准为依托，以“安全、营养、优质、可追溯信息数字化”作为核心和特色，结合我国幅员辽阔，生产环境、生产气候多样性，地方特色优质产品繁多等优势条件，追溯产品生产、物流、加工包装全过程。

在签约仪式上，中国交通运输协会邮轮游艇分会常务副会长兼秘书长郑炜航表示，邮轮食品作为邮轮旅游的重要组成部分，其安全和质量直接关系到游客、船员的体验和健康安全。因此，制定《中国国际邮轮食品团体标准》对于推动邮轮食品行业的健康发展具有重要意义。

北京农产品流通协会秘书长陈亚中表示，此次合作将充分发挥协会在农产品流通领域的优势，推动邮轮食品供应链的优化和升级，确保邮轮食品的原材料来源可靠、品质优良。

《中国国际邮轮食品团体标准》计划涉及：①生产过程的安全标准，对水、土壤、空气等生产环境，包括周边有无严重污染的化工厂、医院、高排污企业等设立标准；②产品初加工、精加工、包装物的生产标准，包括周转包装、固化包装标准；③仓储环境要求标准，如温度、湿度、有效期等；④运输过程、运输车辆的卫生、温度、湿度、运输时间标准；⑤产品初级的采收规格、加工规格标准；⑥产品规格、色泽、糖度、蛋白质、主要营养物含量、水分含量等理化指标标准。

《中国国际邮轮食品团体标准》计划2025年完成，将填补中国乃至亚洲邮轮供应标准的空白。

“爱达·魔都号”

“爱达·魔都号”交付运营一周年

中国船舶外高桥造船：为中国邮轮驰骋出海保驾护航

文 /SWS 外高桥造船

2024 年 12 月 15 日是国产首艘大型邮轮“爱达 · 魔都号”交付运营一周年。一年来，外高桥造船秉承“热情服务船东，严格管理供方”的售后服务理念，以专业、敬业、高效的态度为邮轮运营提供全天候的服务支持，及时处理售后事宜，为中国邮轮品牌出海保驾护航。截至目前，“爱达 · 魔都号”已顺利运营近 80 航次，服务近 30 万名游客，市场反响热烈。

“爱达·魔都号”离厂即达到商业运营使用状态

根据国际邮轮建造运营惯例，通常船东接船离厂后需要将邮轮移泊至其他港口进行供应品物资装载，演艺、酒店人员和船员登船熟悉船舶及培训

“爱达·魔都号”启程欢送

公司党委为保航临时党组织授旗

等工作，准备周期长、资源投入多、涉及人员广。

为了确保“爱达·魔都号”离厂后能以最快速度进入运营使用状态，外高桥造船提早协助船东在船厂开展1292名船员的登船和培训、约300万件船东供应品装载上船等运营准备工作。2023年12月15日，“爱达·魔都号”离厂即达到了投入商业运营使用状态，这是中国船企首次开展此类操作，且达到了国际一流邮轮船厂的同等水平。

200余人次组成的保航团队完成3次保航任务

“爱达·魔都号”于2024年1月1日开启商业首航。为保障首航顺利完成，自2023年12月23日起至2024年1月7日首航凯旋，外高桥造船邮轮项目部、邮轮内装部、品质保证部、总装二部等各部门总计200余位专业技术人员组成保航团队，配合运营方进行了3次保航工作。“爱达·魔都号”的建造质量在保航中得到了充分验证。

保航期间，外高桥造船团队配合船东进行船员培训、应急维修及交船后剩余工作（POD）的推进，包括指导船员调整主发电机等设备软硬件参数、对应急发电机等设备进行维护保养，定期巡检了解各公区运营状况及系统设备使用情况，与船员交流广泛收集对邮轮的改进意见和优化建议等。同时保航团队与外高桥造船岸基支持小组保持实时沟通，协调各部门对首航后设备服务商的资源部署以及施工所需物资等进行调配准备。

形成邮轮交船后执行项目推进管理流程

自2024年1月商业首航后，为

■左图：艉部泳池现场调查

■右图：与供方线上约谈

确保邮轮正常高效运营，外高桥造船积极主动处理交船后执行项目（POD Action plan），POD执行团队组织船东、服务商、总包商和公司各部门定期协同，协调各专业专家及技术骨干共同制订解决方案，组织相关方登船完成各项施工任务，打通了邮轮交船后执行项目施工的管理流程，进一步拓展了中国邮轮产业全流程管理体系，为后续项目提供了重要的制度保障和经验支持。

2024年6月，外高桥造船POD执行团队组织设计、品保、调试等专业20多名工程师成立夏季工况调试组，在“爱达·魔都号”运营状态下圆满完成为期10天的夏季工况测试，通过精心的策划、充分的准备以及整个团队的良好合作，船东零意见签署了调试程序文件。同时2024年POD执行团队相继完成了防火门更换、贴面维护、全船插座国内运营适应性改造、SPA管路升级改造等高难度施工任务，累计组织约1600人次登船作业，有力保障邮轮运营，获得船东高度好评。

全天候服务保障“爱达·魔都号”运营

大型邮轮的保单数量是常规民海产品的近10倍，涉及轮机、电气、冷藏通风空调系统（HVAC）、酒店以及内装等不同专业，并且质保期更长。外高桥造船以国产首艘大型邮轮工程为契机，基于公司SWS-TIME系统开发上线售后服务平台，实现了船厂、船东、船检、供应商在同一个信息化系统同时开展实时的业务信息交互，大幅提高售后效率，为邮轮运营提供全天候的服务支持。

外高桥造船克服邮轮运营期间施工窗口短的挑战，在不影响乘客乘坐体验的前提下，售后保航团队进行了22个航次的随航维保，协调安排32家供方跟航70余航次，得到船东的一致好评。

国产首艘大型邮轮国外供方多。为了提高售后服务响应效率，自交船以来，外高桥造船通过质量约谈、保函运用、高层沟通等多渠道共同推进，提高保单处理进度。通过组织线上、线下约谈的方式，专项处理冷藏、房舱、空调、阳台、电梯等涉及供方的维保事项；针对娱乐系统（LES）国外供方无法及时配合意见处理售后问题的情况，积极沟通寻找国内厂家配合船东处理售后意见，保障了船舶运营服务效果；建立完整的设备供方、TURNKEY 总包商沟通矩阵，建立设备供方评价模型，同时售后服务实行 NOTEWORTHY 保单管理，为后续邮轮项目提供技术支撑；根据乘客反馈，与船东积极沟通，快速落实了公区地漏、房舱温度等影响乘客体验的保单，进一步提高了产品舒适度，并在第二艘国产大型邮轮项目中予以优化。

2024 年 5 月，外高桥造船售后服务团队收到了船东发来的表扬信，对外高桥造船随航质量保证工作给予了充分的肯定，高度赞扬了外高桥造船售后服务“顾客至上，优质服务”的负责态度。引进、消化吸收、再创新，外高桥造船从无到有打造了第一艘国产大型邮轮，建立了涵盖邮轮设计、建造、配套、售后等环节的全流程体系，夯实了中国邮轮产业高质量发展基础。

随着第二艘国产大型邮轮的精益建造，外高桥造船始终充分发挥制造端在邮轮产业发展中的龙头牵引作用，加速培育国内国际双循环的供应链体系，推动深化中国邮轮产业生态，助力中国邮轮品牌远航驶向更加浩瀚的海洋。目前第二艘大型邮轮 H1509 船船体结构建造已进入最后的冲刺阶段，外高桥造船正严格按照计划推进 H1509 船船坞搭载，全力推进艏 / 艉 / 机舱棚区域的三条主线工作，向 2025 年 1 月中旬实现整船贯通的目标迈进。

从交付到运营，在一次次满载欢笑的航行中，邮轮带来的“丰”景已然绘就。从突破到精益，我们的邮轮征程愈发笃定，外高桥造船将继续以匠心与邮轮对话，领航美好生活。

“爱达·魔都号”交付

第二篇　邮轮纵横

曹惠忠 / 摄

中国一定会成为邮轮产业强国[1]

文 / 杨国兵

“整合中国制造，集成中国科技，传播中国文化，这是从爱达邮轮出生的那一天起，我们所担负的使命。”中船邮轮科技发展有限公司、爱达邮轮有限公司董事长杨国兵近日在接受海外网采访时表示，邮轮产业发展与推进中国式现代化相契合，作为邮轮人，他深感责任重大，将致力于推动中国邮轮产业发展向好。

邮轮产业“让生活更精彩”

中外文化交融，是“爱达·魔都号”的一大特色。“爱达·魔都号”上，敦煌元素令人印象深刻。敦煌是丝绸之路上的咽喉之地，敦煌文化是中华文明同各种文明长期交流融汇的结果，而中国邮轮产业的发展，也同样离不开国际合作。

杨国兵介绍道，作为一家国际化企业，中船邮轮发展理念与构建人类命运共同体、共建“一带一路”倡议等相适应。预计到2035年，海上丝绸之路沿途国家和地区的邮轮乘客规模将超过1400万人次。

在“爱达·魔都号”上，豪华酒店、影院剧场、水上乐园一应俱全，如同一座“移动的海上城市”。“邮轮让生活更精彩”，这是杨国兵心中的企业使命。在他看来，邮轮产业以为乘客提供精彩体验为目标。中国式现代化，就是要让老百姓过上更好的日子，让人民群众的满足感、幸福感进一步增强，邮轮产业的发展与这一内涵是一致的。杨国兵表示，中国式现代化，讲究的是高质量发展，邮轮产业中的科技创新正是生动例证。

邮轮是科技的“展览馆”

大型邮轮以其“巨系统”工程的复杂集成和精益工艺被称为造船工业“皇冠上的明珠”，是体现一个国家工业实力和科技水平的标志性工程。作为目前全球最复杂的单体机电产品，“爱达·魔都号”的零部件数量多达2500万个，线缆超过4300公里，约等于上海到拉萨的距离。

[1] 本文摘自《人民日报》海外网，2024年7月16日。

■中船邮轮科技发展有限公司爱达邮轮有限公司董事长杨国兵

杨国兵表示，中国邮轮产业起步时间晚，但发展速度非常快，中国在研发、设计、运营等领域都取得了长足的进步。在当前阶段，企业需要聚焦全产业链的创新，以更好地服务乘客。“我们现在也在布局中国完全自主知识产权设计的邮轮，将很快纳入我们的研制范围。”杨国兵说。

当前，“爱达·魔都号”实现5G覆盖，宾客可在旅途中体验多媒体、实时交互和个性化的服务。杨国兵表示，邮轮是科技的博物馆、展览馆，现在正在蓬勃发展的科技产品，如人工智能、绿色技术、智能家居、元宇宙等，未来都可以应用在邮轮上。

第二艘国产大型邮轮意义非凡

展望中国邮轮产业未来发展，杨国兵认为，中国拥有巨大市场，以及比较完整的工业体系和国民经济体系，邮轮产业拥有许多机遇。“我觉得我们用不了多久，一定会成为邮轮产业强国。”杨国兵说。

很快，第二艘国产大型邮轮又将与大家见面。相较于首制船，第二艘国产大型邮轮总吨位增加0.64万吨，达14.19万吨，总长增加17.4米，达341米，型宽37.2米，客房数量增加19间，达2144间。杨国兵介绍称，第二艘国产大型邮轮预计在2026年年底左右命名交付，“我们这一段时间正在做这条邮轮的一些设计工作，已经接近尾声，进展非常顺利”。

杨国兵认为，第二艘国产大型邮轮的交付，标志着中国的邮轮产业从设计、建造、供应链到运营，全产业体系的构建已经进入了一个成熟的阶段，为中国未来完全自主设计、自主建造、自主运营大型邮轮打下了非常好的基础，“这是最大的一个进步”。

40 个航次 游客超 16 万

——“爱达·魔都号”展现“中国范式”

文 / 何宝新[1]

2024 年 7 月 23 日，中国船舶集团有限公司旗下中船邮轮科技管理有限公司所属全能力邮轮运营公司——爱达邮轮有限公司与广州南沙国际邮轮母港运营管理有限公司在广州签署合作协议，共同宣布第二艘国产大型邮轮将主要依托广州母港运营，全面布局华南市场，进一步推动广州邮轮全产业链生态体系建设，探索打造邮轮经济与文商旅融合发展的创新样板。

目前，正在中国船舶集团旗下上海外高桥造船有限公司建造之中的爱达邮轮旗下第二艘国产大型邮轮已进入坞内总装搭载的加速期，计划于 2026 年年底命名交付。根据协议，该邮轮将于 2027 年“定居”广州南沙邮轮母港，正式开启国际航线。

相较于首艘国产大型邮轮“爱达·魔都号”，第二艘邮轮总吨位更大、长度更长，房间数增加至 2144 间。全船娱乐休闲系统全面升级，公共区域和户外休闲娱乐区域面积大幅增加。这艘邮轮将以华南地区为母港常态化运营，并在产品及体验设计中融入岭南文化和海上丝绸之路元素，旨在为宾客打造创新的海上文旅融合场景，助力其成为中国华南地区亮眼的海上名片。

“我们观察到，近年来华南地区对高品质邮轮体验的旺盛需求及持续释放的市场潜能，更坚定了我们在此战略布局的决心。”爱达邮轮董事长杨国兵表示：“我们将秉持深耕中国市场、服务中国消费者的理念，创新融合丰富多彩的岭南文化，打造精彩纷呈的‘一船好戏’，为华南地区邮轮产业注入新鲜活力。”

作为中国全能力邮轮运营公司，爱达邮轮旗下已拥有两艘大型邮轮——首艘国产大型邮轮“爱达·魔都号”和有“艺术之船”之称的“爱达·地中海号”。截至目前，两艘邮轮已累计服务超过 30 万国内外宾客，受到广泛好评。

据悉，爱达邮轮于 2024 年内在南沙邮轮母港部署从广州出发的邮轮航线，丰富华南地区消费者的出游选择。此外，爱达邮轮还将携手广州市人民政府、南沙区人民政府以及广州南沙国际邮轮母港开展一系列邮轮试点项目，结合“一带一路”建设创新开发邮轮航线产品，探索多元化的文商旅创新体验，为华南地区及中国邮轮产业的高质量发展开创新格局。

未来，爱达邮轮将持续深耕中国市场，推出更多创新邮轮度假产品，为宾客打造更加精彩多元的邮轮新体验，书写“邮轮让生活更美好”的新篇章。

---

[1]《中国船舶报》特约记者。

“旅、港、航”联动 全面提振邮轮旅游经济

文 / 徐菘霙[1]

国产大型邮轮时代，邮轮旅游正在成为新的经济增长极。《国务院关于促进服务消费高质量发展的意见》明确把邮轮列入鼓励发展的新业态之中。我国邮轮旅游产业起步较晚，当前仍存在旅游产品短缺，邮轮旅游消费基本盘薄弱，港口设施差，邮轮港口服务吸引力缺乏，邮轮航线少，航线开发选择丰富度不足等局限，制约了邮轮消费的高质量发展。为此，笔者建议，从“旅（旅游产品）、港（港口配套）、航（航线开发）”三个方面入手，引入“差异化竞争”，通过纳入疗休养等方式丰富产品市场，打造“配套旅游圈”，通过邮轮配套服务消费集聚区等方式优化港口服务，并充分考虑航站楼的功能转换以减少淡季空置，锚定“特色优势区”，通过对境外和境内航线分别因地制宜进行优势开发，提升航线吸引力。

首艘国产大邮轮“爱达·魔都号”自 2023 年 8 月下水试航、2024 年元旦首航以来，已顺利交付和顺利运营 50 余个航次，接待游客超 20 余万人。2024 年，国务院下发了《国务院关于促进服务消费高质量发展的意见》，在旅游消费中明确指出“鼓励邮轮游艇、房车露营、低空飞行等新业态发展”“优化入境政策和消费环境，加快恢复航班班次，提供多样化支付服务，研究扩大免签国家范围，深化文化旅游年活动”，进一步为邮轮经济带来政策指导和利好。同时，立足全链条邮轮旅游经济，在全面提振市场、深入促进消费等方面还存在以下局限与不足。

旅游产品短缺，邮轮旅游消费基本盘薄弱

目前，中国邮轮旅游运营公司乃至中国邮轮旅游产业尚未形成能够保障整个行业长久发展的“拳头产品”或“托底产品”，稳定的“邮轮旅游消费人口”形成较慢。已有的邮轮旅游产品依然主要围绕日韩航线进行设计，产品同质化现象严重，如目前已有的中资运营的邮轮“爱达·魔都号”“地中海号”“蓝梦之星号”“招商伊顿号”的主力航线目的地都是韩国与日本。而中国邮轮运营公司的品牌意识尚不足，相关 IP 和旅游模式开

[1] 中国民主同盟盟员，宁波人才发展集团有限公司综合部主管。

国产大型邮轮时代，邮轮旅游正在成为新的经济增长极。

发仍有较大空间，差异化定位尚未完全建立。如以上提到的4家中资邮轮，在设施和设计上依然普遍采用欧美风格，虽然“爱达·魔都号”与敦煌元素做了联动宣传，但也只流于设计表面，如何让中国文化更好地在邮轮载体中呈现，尚需探索。

港口设施差，邮轮港口服务吸引力缺乏

目前已建成的邮轮港口所在位置均和市中心相距较远，且周边缺乏丰富的旅游资源；地铁、陆路、航空交通不够便利，联动性不强；除上海、厦门外，大多数邮轮港口及其停靠区域缺少高标准的涵盖购物、餐饮和酒店的商业综合体，或还在建设规划中；邮轮航站楼本身商业吸引力不足，利用率不高，旅游淡季时常出现冷清和闲置的情况，部分基础服务，如免费WIFI、公共充电设备等都存在无提供或提供不足的情况。以天津东疆国际邮轮母港为例，作为中国北方最重要的邮轮母港，在有邮轮航次运营的时期，尚且存在管理不规范（服务台没有服务人员、餐厅不开放、免税店关门、没有便利店、厕所环境脏乱）、设施设备供应不足（母港内没有免费无线网络、座椅数量严重不足）、交通不便（打车到天津市中心要1个半小时，停车场停完车走到航站楼要40分钟）等多重问题。

邮轮航线少，航线开发选择丰富度不足

从时长上，国内目前已有的邮轮产品多为5~6天的日韩航线，2~3天的周末航线和7天的单周航线产品较少，而5~6天的航线时长不太符合中国当前的休假制度，不利于提升邮轮旅游产品的复购率。从航线上，国内邮轮航线开发缓慢，缺少统一规划组织。目前南海地区的国内航线主要为从广州、深圳出发到达澳门、香港的短途航线，从厦门出发前往鼓浪屿的航线；东海地区的国内航线为从上海或舟山出发前往普陀山以及其他旅游岛屿的航线，这些航线均以短途为主。各大邮轮母港尚未结合自身地域优势研发特色航线产品或开发力度不够，如普陀山就曾作为招商伊敦号的停靠点之一，升级成为邮轮航线中的目的地的提升空间较大。

为此建议：

一是联动“疗休养线路”，丰富产品市场。

由工会组织，广大机关、企事业单位员工参与的疗休养旅游是最稳定的旅游产品之一，试点邮轮疗休养旅游对于扩大邮轮旅游影响力、培养邮轮旅游人口有重要作用。同时，邮轮旅游有着天然的“慢享受”优势，对年长者和行动不便者也十分友好。尝试将北京、天津、上海、厦门、广州和深圳等经济发达、邮轮接受度较高尤其是邮轮主要母港所在城市作为先行试点城市；将适合的中资邮轮公司运营的邮轮旅游产品纳入工会疗休养线路名单，依据反响和成效逐步推广；配合线路开发，适当放宽机关事业单位以及国企中高层管理者在邮轮旅游上的出入境限制；将邮轮旅游推广为康养旅游的标杆产品，在3—6月、11月等旅游淡季，组织退休人员参与邮轮旅游。鼓励中资邮轮运营公司结合优势开发层级丰富、特色鲜明的旅游产品体系，如上海可结合江南文化、海派文化，广州和深圳可以协同大湾区一体化考虑邮轮产品设计。

二是打造“配套旅游圈”，优化港口服务。

推进邮轮交通配套枢纽建设纳入港口所在城市的综合交通规划，实现邮轮港口与地铁、机场、铁路的便捷换乘。推动邮轮旅游和城市优质旅游联动发展，打造一流邮轮服务载体，形成邮轮配套服务消费集聚区。以上海国际邮轮旅游度假区、上海国际邮轮节为例，首先，因地制宜，科学规划，打造“吃住行游购娱”一体的邮轮港口“旅游圈”，开发“邮轮＋美食、邮轮＋节庆、邮轮＋文创”等多种游玩模式，提升港口本身吸引力。其次，形成航站楼也是旅游目的地的思维，鼓励邮轮航站楼的多功能开发，提高使用率，减少闲置率，在淡季时实现会展、展览、活动中心的功能转换，如青岛邮轮母港客运中心在邮轮旅游几乎停摆的两年里，在航站楼中布置“庆祝中国共产党成立100周年青岛主题展”，成为当时最受欢迎的红色旅游教育目的地之一。

三是锚定“特色优势区”，提升国内外航线开发度。

在出境航线方面，各大邮轮母港应立足自身区域优势，开发特色线路，如从天津、上海、厦门出发，以东亚日韩为主航线；从广州、深圳、三亚出发，以南亚马来西亚、新加坡、印尼、菲律宾为主航线。境内航线方面，积极引导中国沿海港口城市协同发展，开发环中国海岸线产品；因地制宜，打造区域短线，如大连－天津－青岛的环渤海湾航线、上海－嵊泗列岛－舟山群岛的东海岛屿线、厦门－鼓浪屿－台湾台北或台湾高雄的闽台线、广州－深圳－香港－澳门的大湾区线、三亚－西沙－南沙的南海线；探索开发以邮轮服务为主的无目的地航线或公海游航线，同时，多开发周末航线与单周航线，在宣传上，将邮轮由旅游方式向旅游目的地转变，提高邮轮产品复购率。

邮轮史话 第三篇

■曹惠忠 / 摄

觉醒年代：写在中法建交 60 周年

——早年坐邮轮赴法留学回顾

文 / 郭歆、黄戈[1]

百年历史，风华正茂，2024 年是中法建交 60 周年，让我们共同回顾那些年赴法勤工俭学的热血青年。

众所周知，中国共产党于 1921 年诞生在嘉兴南湖的一艘游船上。这艘船承载千钧，从此劈波斩浪，开天辟地。作始也简，将毕也巨。小小红船承载着人民的重托、民族的希望，越过急流险滩，穿过惊涛骇浪，成为领航中国行稳致远的巍巍巨轮。

然而，在这颗辉映华夏大地的红星冉冉升起的前夜，那一抹晨曦中初露的曙光同样令人难忘。1919—1920 年，在赴法勤工俭学运动中，一批批有志青年带着追求真理、振兴中华的梦想，搭乘着远洋邮轮，从黄浦江畔前往大洋彼岸，踏上了上下求索之路。他们走了一路，也找了一路，后来终于明白只有马克思主义才能拯救中国。他们有的为中国革命献出了年轻而宝贵的生命，有的成为党的第一代中央领导集体的重要成员和第二代中央领导集体的核心，有的成为新中国科学技术、文化艺术等领域的杰出人才，他们的名字永远铭刻在每个中国人的心中。

留法勤工俭学纪念雕塑

[1] 招商局工业集团有限公司

“……出国去，走东海、南海、红海、地中海，一处处的浪卷涛涌，奔腾浩瀚，送你到那自由故乡的法兰西海岸……”——周恩来《别李愚如并示述弟》

从1919年3月至1920年底，先后共有20批1800多名勤工俭学的学生从上海乘坐邮轮前往法国。他们来自全国18个省，其中以四川（378人）、湖南（346人）、河北（147人）为最多，基本上是16～30岁的青年。他们从上海起航，途经中国香港、海防、西贡、新加坡、科伦坡、亚丁、红海、塞得港、地中海，最后到达法国的港口马赛，有一小部分船还要绕到英国伦敦，最后抵达法国巴黎，全部航程30~60天不等。大部分勤工俭学的学生购买的船票是四等舱位，与牲畜和货物同舱，生活条件非常恶劣，但再艰苦的环境也不能阻挡这些爱国青年前进的脚步。中国共产党的老一辈革命家蔡和森、赵世炎、周恩来、邓小平、陈毅、聂荣臻、向警予等均在此列。

我们常说“十月革命一声炮响，为中国送来了马克思列宁主义”，但由于地理上的阻隔和北洋政府对于中苏边境的封锁，往返于亚欧之间的这些邮轮才是革命思想传入中国的主要载体，它们不仅将一批批追求真理、燃烧理想的青年送往革命理论的发源地，同时也将他们的所见所闻、所思所想以邮包、信件的形式捎带给国内的人们。例如，蔡和森到法后，通过“猛看猛译”马列著作，确立了对共产主义的坚定信仰。在1920年8月13日、9月16日写给毛泽东的两封信中全面深刻地阐述了他对建立中国共产党的主张、方法和具体步骤。蔡和森说：“我以为先要组织党——共产党。因为他是革命运动的发动者、宣传者、先锋队、作战部。以中国现在的情形来看，须先组织他……革命运动，劳动运动，才有神经中枢。”蔡和森成为第一个正式提出“中国共产党”名称的人。毋庸置疑，这些联通中欧的一艘艘邮轮，在那个“觉醒年代”发挥了不可或缺的作用，是中国革命发展的“催化剂”。虽然现在它们都已经湮没在时代的长河中，但同样值得我们好好纪念。

表1　1919—1920年间赴法勤工俭学生所乘邮轮一览表

批次	上海出发	船名	人数	到达法国	天数	知名人物
1	1919-3-17	因幡丸（Inaba Maru）	89	1919-5-10	53	林蔚、欧阳钦
2	1919-3-31	贺茂丸（Kamo Maru）	26	1919-5-20	50	
3	1919-4-14	伊豫丸（Iyo Maru）	2	1919-6-6	54	
4	1919-7-13	三岛丸（Mishima Maru）	58	1919-9-2	51	罗学瓒、王书堂
5	1919-8-14	湄南（Meinam）	75	1919-10-10	57	陈毅
6	1919-8-25	盎特莱蓬（Andre Lebon）	54	1919-10-1	37	任光
7	1919-9-29	波尔多斯（Porthos）	19	1919-11-12	45	徐特立
8	1919-10-16	渥隆（Wollowra）	48	1919-11-25	40	李立三、王若飞
9	1919-10-31	宝勒加（Paul Lecat）	207	1919-12-7	37	李维汉、李富春
10	1919-11-22	勒苏斯（Rhesus）	40	1920-1-23	62	黄齐生、盛成
11	1919-12-9	斯芬克斯（Sphinx）	158	1920-1-14	36	聂荣臻
12	1919-12-25	盎特莱蓬（Andre Lebon）	92	1920-1-28	34	蔡和森、向警予、蔡畅、陈延年、陈乔年
13	1920-2-15	波尔多斯（Porthos）	53	1920-3-25	39	许德珩
14	1920-4-1	宝勒加（Paul Lecat）	110	1920-5-7	36	王光祈
15	1920-5-9	阿尔芒博西（Armand Behic）	120	1920-6-15	37	赵世炎、萧三
16	1920-6-25	波尔多斯（Porthos）	220	1920-8-4	40	刘伯坚、陈公培
17	1920-9-11	盎特莱蓬（Andre Lebon）	93	1920-10-19	39	邓小平
18	1920-11-7	波尔多斯（Porthos）	200	1920-12-13	36	周恩来、傅钟、何以端、张若名、郭隆真
19	1920-11-24	高尔地埃（Cordillere）	22	1920-12-27	33	张申府、刘清扬
20	1920-12-15	智利（Chili）	144	1921-1-20	36	何长工、李大章、穆青

数据来源：留法勤工俭学纪念馆

■左图：因幡丸

■右图：明信片上的贺茂丸

前四批勤工俭学的学生都是乘坐日本邮船株式会社（NYK）所属的邮轮。实际上这些船的目的地是英国，学生们到了那边之后再转船前往法国巴黎。作为组织者之一，毛泽东亲自赶赴上海为第一批、第二批学生送行。

因幡丸

“因幡丸”由位于英国格拉斯哥的戴维亨德森伙伴公司建造，1897年交付，船长约135.6米，宽约15米，型深9.3米，总吨6185，航速13节。这艘船在1923年被日本邮船株式会社出售，在经历了三任东家之后，最终于1934年被拆解。1919年，当时公派留学的徐悲鸿也乘坐此船与第一批勤工俭学的学生一同前往法国。

贺茂丸

“贺茂丸”由三菱重工下属的长崎造船所（也就是后来两次尝试建造豪华邮轮的那家厂）建造，建成于1908年。船长141.7米，宽17.3米，型深10.5米，总吨7955，航速16.4节。“贺茂丸”是日本邮船为了加强亚欧航线运力而在三菱重工订造的六艘邮轮中的首制船，它在后期被改为在澳大利亚至中国及亚洲其他港口之间的航线上运行。1941年太平洋战争爆发后，它被日本海军征用，1943年被鱼雷击中但随即又被修复投入使用，1944年7月再度被美国潜艇“Tinosa”号发射的鱼雷击中，最终沉没于中国东海，成为日本邮船在二战中损失的185艘商船之一。

三岛丸

运输第四批勤工俭学的学生的“三岛丸”与“贺茂丸”是同型姐妹船，建于1908年，后于1934年在日本拆解。

伊豫丸

“伊豫丸”于1901年11月16日交付，船长约138.6米，宽约14.5米，

左图：明信片上的三岛丸

右图：明信片上的伊豫丸

型深 11.3 米，总吨 6319。起初往返于日本、北美之间，1904 年日俄战争期间被日本陆军征用为运兵船。1911 年开始执航日本 – 欧洲航线。1930 年 10 月短暂被编入日本海军参加“昭和五年特别大演习”，1933 年 9 月被拆解。

由于乘坐日本邮轮须经英国中转，耗时较长，从第五批开始，勤工俭学的学生大都搭乘法国邮船公司（现在已并入法国达飞轮船）的邮轮直接前往马赛。其中“宝勒加”号、“盎特莱蓬”号和“斯芬克斯”号三艘船是姐妹船，前两艘由法国邮船公司自己拥有的位于马赛的 La Ciotat 船厂建造，最后一艘则改为在圣纳泽尔的卢瓦尔船厂（著名的邮轮建造厂大西洋船厂的前身）建造，且船身缩短了 10 米。这三艘船是当时法国邮船公司最大最豪华的邮轮，也是亚欧航线上唯一设有豪华套房的邮轮，达到了北大西洋邮轮的装修标准。

“宝勒加”号

“宝勒加”号（Paul Lecat）于 1911 年 3 月 19 日下水，船长 161.3 米，宽 18.8 米，总吨 13000。原本是为了欧洲 – 南美航线而建造，因此最初的名字定的是“布宜诺斯艾利斯”号，后来法国邮船公司改变了想法将其改为在远东 – 欧洲航线运营，并以时任公司总经理 Paul Lecat 的名字将其命名。除了在第一次世界大战期间被征用为运兵船外，它在 1912—1928 年间一直执航远东 – 马赛航线。1928 年 12 月 21 日，在坞修时不幸失火，最终因为损失过大无法修复而于 1929 年 4 月被送至热那亚拆解。1921 年 10 月，蔡和森、陈毅、李立三等 104 名学生因为革命倾向和参加维权斗争，被中法反动当局强行用该船押送回国。此事件也标志着留法勤工俭学运动走向衰落。

“盎特莱蓬”号

“盎特莱蓬”号（Andre Lebon）于 1913 年 10 月 27 日下水，船长 161.3 米，宽 18.8 米，总吨 13200，

“盎特莱蓬”号一等舱走道

航速 17 节。它在交付后被征用为运兵船，其间也被派往远东运送邮包，返程时又将海外领地的士兵接回法国本土。1916 年 9 月它被改为医院船，直至第一次世界大战结束。1919 年它恢复邮轮用途，在马赛 – 横滨航线上运营，并在 1923 年横滨大地震时拯救了 1500 多人上船，其间也转运了诸多犹太难民前往上海。它于 1936 年退役，但在 1939 年又被征用进行各类运输工作，直至 1941 年在马赛港退役。但到了 1943 年 5 月，它又被德军掠走用作兵营，1944 年 3 月被美军飞机炸沉在土伦港。1945 年它被

图 1：一等舱吸烟室；图 2：一等舱电梯厅；图 3：豪华套房；图四：一等舱客房；图 5：二等舱餐厅；图 6：二等舱客房

1

2

3

4

5

6

■左图：“斯芬克斯”号

■右图：“湄南”号

打捞出水，整修一新后继续经营远东航线，还是二战后第一艘重返横滨港的班轮。在服务了近40年后，它于1952年被出售后拆解。

“斯芬克斯”号

“斯芬克斯”号（Sphinx）于1914年3月下水，船长151米，宽18.8米，总吨11375，航速17节。它在1915年被法国海军接收作为一艘拥有940张床位的医院船，第一次世界大战结束后改为班轮，先是在地中海运营，随后被用于远东航线，经常往返于横滨与马赛之间。1939年它再度被改装成为容纳637张床位的医院船，1941年底在马赛退役，后又被轴心国带至意大利的热那亚，改名为“Subiaco”，最后在1944年1月5日被美军炸沉。

“湄南”号

“湄南”号（Meinam）于1907年在英国纽卡斯尔的Palmers船厂下水，是一艘客货兼装邮轮，船长129米，宽16米，总吨6149，航速12节。它于1907年7月首航，执航北欧－马赛－远东航线。在第一次世界大战中，它幸运地两次从德国潜艇的攻击中逃生，还多次完成了在法国与印度支那之间的运兵任务。1919年10月，它从海参崴接收了被苏联遣返的1500名捷克和塞尔维亚战俘，并把他们运至马赛。1934年，它在热那亚被拆解。

“波尔多斯”号

“波尔多斯”号（Porthos）由位

■“波尔多斯”号

■ “波尔多斯”号一等舱甲板和三等舱餐厅

于法国波尔多的La Gironde船厂建造，1914年1月25日下水，船长161.7米，宽18.8米，总吨13000，是专门为马赛－西贡－海防航线而打造的邮轮。它在远东航线上一直运营至1939年，其后被调往非洲。1942年11月8日，被美国海军潜艇“Massachussets”号用鱼雷击沉于卡萨布兰卡。

“阿尔芒博西”号

“阿尔芒博西”号（Armand Behic）也由La Ciotat船厂建造，于1891年4月26日下水，船长152米，宽15.3米，总吨6467，航速17.5节。该船最初是为澳洲航线而打造的，最先起名为“Tasmanien”，后来在法国邮船公司的创始人之一Armand Behic去世后，为了纪念便用他的名字来命名了。它于1892—1903年间一直执航澳洲－法国航线，随后被调往远东。1893年，法国著名画家保罗·高更（庞洛邮轮旗下的一艘现代邮轮便是以他的名字命名的）搭乘该船从悉尼回到马赛。1912年它被部署在地中海区域，后来在一战期间被用作运兵船。自1919年起，它在远东和地中海交替运营，直到1924年10月在马赛被拆解。

■ “阿尔芒博西”号

"智利"号

"智利"号

"智利"号（Chili）同样由 La Ciotat 船厂建造，于 1894 年 10 月 14 日下水，船长 148 米，宽 14.6 米，总吨 6489，航速 16.9 节。起初在由波尔多始发前往南美的航线上运营，是当时这条线上速度最快的班轮。1903 年 4 月它在波尔多港搁浅倾覆，随后于 7 月被瑞典救援船"Herakles"号救起后修复，内装也全部更换一新。1912 年它被调整至远东－地中海航线，并在第一次世界大战期间用作运兵船。一战过后，它跑过远东、马达加斯加和中东等多个地区的航线。1926 年 4 月它被出售拆解。"智利"号是最后一艘运输勤工俭学的学生的邮轮，何长工乘坐此船经过地中海时，正好看到了海底火山喷发的自然奇观，情不自禁地写道："火焰映照着，汹涌起伏的波浪，就像一面红旗，飘扬在海里一样。"

"高尔地埃"号

"高尔地埃"号（Cordillere）是"智利"号的同型船，于 1895 年 10 月 12 日下水，船长 151 米，宽 14.5 米，总吨 6379。1912 年，它和"智利"号一同被调整部署至远东，一战期间也未被调离。1922 年 8 月，它在长江搁浅，

"高尔地埃"号

■左图：“安吉尔斯”号

■右图：“渥隆”号

损失严重但最终被修复。1925年10月，它被出售拆解。

“安吉尔斯”号

还有一艘法国邮轮，虽然没有搭载勤工俭学的学生，但也同样在党史上留下了光辉的一页，那就是“安吉尔斯”号（Angers）。

1922年9月初，36岁的朱德乘坐该船离开上海吴淞口，前往欧洲。经过40多天的航行，邮轮终于在法国马赛靠岸。随后他乘火车经巴黎前往德国柏林，在那里找到了周恩来，并经由周恩来和张申府介绍，正式加入了中国共产党。因工作需要，他一直作为秘密党员，直到1927年南昌起义爆发后，其党员身份才得以公开。

“安吉尔斯”号的原名为“Cap Arcona”，属于德国汉堡南美航运公司，于1907年在德国汉堡 Blohm & Voss 船厂下水，船长151.7米，宽17米，总吨9847，航速17节。交付后它在欧洲–南美航线上运营。1914年第一次世界大战爆发后，它被扣押在西班牙直到战争结束。1921年11月，它被移交给法国邮船公司，并改名为“安吉尔斯”号，执航远东–马赛航线，1939年被出售拆解，但在拆解的过程中由于失火而烧毁。

除了日、法的邮轮之外，还有两艘英资背景的邮轮，分别是第八批的“渥隆”号和第十批的“勒苏斯”号。

“渥隆”号（Wollowra）最初的船名叫“Silvio Spaventa”，是英国 Palmers 船厂为意大利船东建造的一艘客货兼装船，于1891年9月交付，船长98.5米，宽12.3米，总吨2631，航速12节。1895年它被出售给澳大利亚航运公司 Adelaide SS Co.，并改名为“渥隆”号。1915年10月被售予一家中国香港公司，随后辗转易手数次。1923

“勒苏斯”号

年它被转售给西班牙船东，并更名为“Iberia”。1928年，在挪威拆解。该船是这20批次14艘船中最小的一艘。

“勒苏斯”号（Rhesus）由英国苏格兰格林诺克的克莱德造船厂建造，于1911年5月27日下水，船长约135.2米，宽约16.1米，总吨6719。船东是一家名为中国互助轮船公司的英国航运企业（隶属于英国曾经最大航运公司之一的蓝烟囱轮船公司）。它执航日本经上海、香港、新加坡到利物浦的航线，一战期间被英军用于运送士兵至地中海和中东，1916年1月—1917年5月期间还曾为葡萄牙政府服务，1917年6月14日，它在爱尔兰附近的海面幸运地躲开了德国潜艇的鱼雷攻击。1950年8月，它在格拉斯哥被拆解，结束了为期40年的航海生涯。

可以看到，勤工俭学的学生们乘坐的是清一色的外资邮轮，没有一艘是属于中国自己的航运公司的。其实，中国的航运企业也不是没有做出尝试和努力。早在1873年8月初，成立不久的招商局就以第一艘邮轮“伊敦”号正式开航神户、长崎，这是中国商轮首次开辟国外航线。后来，招商局又曾将业务一度拓展至越南、吕宋、暹罗、新加坡、槟榔屿、印度等地。但由于日本等国的地方保护政策和西方国家为了维持其在欧亚航道上的垄断地位的竭力对抗，招商局难以与之争衡，这些航线后来都相继停驶。

招商局也曾力图把航线扩大到欧美等国。1879年10月19日，招商局派“和众”轮试航檀香山，1881年10月4日，又派“美富”轮前往英国伦敦。但殖民主义者嫉恨中国商轮转向远洋发展，不择手段地进行抵制和破坏。例如，美国旧金山海关无故对“和众”轮加征10%的船钞并处以每吨一元的罚款，甚至还强行规定侨居旧金山的华侨华工如果搭乘招商局轮船回国，便不准再来该埠。航行英国的“美富”轮也由于“洋商颇存妒心，遂至无利”，不再开航英国。1883年中法战争爆发后，法国军舰骚扰恫吓，招商局仅剩的几条外洋航线也被全部切断，中国的远洋航运事业再次遭受重大挫折。有官府背景的招商局尚且如此，更不要说那些孱弱的民族资本企业了。

历史的偶然中往往带着必然。今天我们穿越百年，回顾这段历史，不难看出，对于苦难深重、饱受“三座大山”压迫的半殖民地半封建社会的旧中国，“工业救国”“实业救国”“无政府主义救国”等道路是行不通的，唯有通过反帝反封建的革命、进行彻底的社会改造方能救国救民。

百年筚路蓝缕、奔流激荡。曾经苦难深重，如今意气昂扬。在科学真理和崇高理想的指引下，中国大地发生了历史巨变。新时代的招商局集团在中国共产党的坚强领导下，在社会主义中国的坚实后盾下，已经成为一家总资产超过10万亿元人民币的世界一流企业，拥有全球规模最大的超级油轮（VLCC）船队和超级矿砂船（VLOC）船队，航运总运力达4553万载重吨，排名世界第二。招商局集团践行制造强国、海洋强国和交通强国战略，发挥核心主业综合优势，走出了一条具有“招商特色”的邮轮制造和修改装、邮轮运营、邮轮配套供给、邮轮金融服务等全产业链协同发展的道路。2019年9月，招商局集团率先交付了中国首制极地探险邮轮，攻克了一百多项技术难题，填补了国内空白，也打破了欧洲船厂在这一领域的长期垄断。2021年4月，招商局集团引入了4.7万总吨的豪华邮轮“维京太阳”号，将其改为注册在中国深圳前海，并更名为“招商伊敦”号，实现了五星红旗豪华邮轮零的突破。与此同时，大吨位国产邮轮的设计研发也在紧锣密鼓地进行之中。

随着时代的变迁，科技的发展，邮轮不再是传统的交通运输工具，而是一个以旅游休闲为目的的综合载体，是人民对美好生活需求的具体表现。为中国人民谋幸福，为中华民族谋复兴，是我们的初心使命。人民对美好生活的向往，就是我们的奋斗目标。总结历史经验，实现邮轮中国制造，做大做强中国邮轮产业，是当代邮轮人义不容辞的责任，也是对留法勤工俭学革命先辈们的最好告慰与纪念。

相信在不久的未来，我们就可以乘坐中国自主设计、自主建造的五星红旗邮轮，住着宽敞、明亮、舒适的阳台海景房，去重温留法先辈们走过的那片大海；而“招商邮轮”这一民族品牌也必将在强手之林中屹立崛起、享誉中外！

汪观清作品
《黄河沸腾》

庆祝中法建交 60 周年

著名画家、上海民盟书画院院长汪观清荣获"中法人文交流卓越成就奖"

文 / 民盟上海市委

2024 年 9 月 27 日，中央广播电视总台"从北京到巴黎——中法人文交流"系列奖项上海颁授活动在上海举行。中宣部副部长、中央广播电视总台台长慎海雄出席活动，并与上海市委常委、宣传部部长赵嘉鸣共同为获奖艺术家颁奖。上海民盟书画院院长、市文史研究馆馆员汪观清荣获"从北京到巴黎——中法人文交流卓越成就奖"。

2024 年 5 月 6 日，由中国中央广播电视总台联合法国国家奥林匹克和体育委员会、法国职业足球联盟以及法国多家艺术机构共同主办的"从北京到巴黎——中法艺术家奥林匹克行"中国艺术大展在法国巴黎拉开帷幕。本次大展展示了超过 200 件来自 100 多位中国当代杰出艺术家的精品佳作。

■汪观清先生在艺术展现场接受央视总台采访

其中，汪观清的作品《黄河沸腾》《水激重崖》《平静草原的三人世界》在大展亮相，向法国乃至全球观众展现了东方美学精神。

2024 年 5 月 19 日，“从北京到巴黎——中国艺术家奥林匹克行”艺术展在上海国际传媒港启幕。国际奥委会主席巴赫，中宣部副部长、中央广播电视总台台长慎海雄等出席。此次艺术展汇集了 62 位中国知名艺术家的 68 件艺术作品，以及来自上海体育博物馆的 11 件馆藏珍品。其中也包含汪观清精心挑选的“两牛相争”《勇则胜》这一作品。作品以勤劳质朴、温和善良的牛为主体，意在展现世界体育健儿齐聚一堂，在竞争中友好交流、切磋成长、勇于争胜的火热景象。

“法国是最早与中国建立外交关系的西方大国，我们祝贺他们再次举办奥运会，我非常荣幸能够参加这次艺术展。”——“海派画家”代表汪观清。

■左图：汪观清作品《水激重崖》

■右图：汪观清作品《平静草原的三人世界》

第四篇 邮轮经管

曹惠忠 / 摄

基于品牌影响力视角的本土邮轮产业高质量发展研究

文 / 陈俊[1] 齐海丽[2]

2023年11月我国首艘国产大型邮轮“爱达·魔都号”正式命名交付，标志着中国又一次成功摘取世界造船业“皇冠上的明珠”。我国成为继德国、法国、意大利和芬兰之后，全球第五个有能力建造大型邮轮的国家，这也意味着我国正持续推进本土邮轮产业链建设，产业生态体系逐步形成。2024年1月国产首艘大型邮轮“爱达·魔都号”完成商业首航，正式拉开新时代邮轮业发展的序幕。国际邮轮协会《2023年邮轮行业现状报告》显示，邮轮旅游市场恢复速度快于全球出境旅游市场复苏速度，2023—2028年全球邮轮运力将继续增长，且预计2027年出海邮轮游客将达到3950万人次。《邮轮绿皮书：中国邮轮产业发展报告（2023）》指出：中国的邮轮市场发展潜力巨大，将是全球第二大客源市场。在国家交通主管部门发布《国际邮轮运输有序试点复航方案》、上海市人民政府发布《推进国际邮轮经济高质量发展上海行动方案(2023—2025年)》之后，国际邮轮头部企业陆续重返中国市场。党的二十大报告对加快建设质量强国作出明确部署，同时《质量强国建设纲要》提出到2025年质量整体水平进一步全面提高，中国品牌影响力稳步提升。

一、我国邮轮品牌竞争力研究述评

随着文化旅游产业的发展和在经济社会发展中的作用不断增强，国内外关于邮轮产业的研究文献逐渐增多，通过梳理国内邮轮方面的文献，可以发现国内邮轮品牌研究逐渐受到关注，呈现出丰富的研究角度。胡田[1]考虑到中外邮轮游客对邮轮旅游服务质量要求的差异，通过对国际邮轮上的中国游客的问卷调查，运用扎根理论分析探索了国内游客对邮轮旅游服务质量的认知机理，同时分析了客源差异对服务质量认知的影响。程爵浩[2]回顾分析了疫情对中国邮轮产业发展状况的影响，并为中国邮轮企业提出了把握国际邮轮调整期，抓住机遇进军

[1] 中国民主同盟盟员，邮轮中国编委，上海交通大学副教授。
[2] 上海海洋大学经济管理学院副教授。

过去十年，我国邮轮旅游实现了爆发式增长，年均客运量增长保持在 40%~50%，现已成为全球第二大邮轮客源国。

沿海、内陆和极地市场的发展战略。张江驰、谢朝武、黄倩[3]以“钻石公主号”邮轮疫情事件为例，运用框架理论探讨了旅游危机事件在社交媒体场域下的框架建构。邮轮旅游有其独特的需求和偏好，消费者更加注重船只设施、旅游目的地和航线安排等因素，常见的邮轮旅游消费者需求和偏好如邮轮旅游消费者注重船舱的舒适程度，包括床铺质量、空调温度、设施设备等。[4]彭兆韵[5]采用波特五力模型，将上海邮轮港口与全国邮轮港口的竞争力进行对比分析。孙新春、禹琴[6]从现代治理角度展开对三亚凤凰岛国际邮轮港发展案例的解释性研究，针对凤凰岛国际邮轮港建设中存在的问题，提出策略性建议，以期为凤凰岛国际邮轮母港开发建设提供参考。苏翔等人[7]了解到中国人的心态对于提升独特的邮轮品牌形象、实现高水平的客户满意度和重访意愿也十分关键。王慧彤等人[8]指出，国内外重要港口和港口城市的发展历程表明，港口、产业与城市之间存在着密切的良性互动发展关系。王太灿等人[9]以消费者生成的在线评论文本内容与官方宣传信息为对象进行内容分析，研究内河游轮属性与游客感知形象，使用 ROST Content Mining 作为工具进行认知分析。周淑怡等人[10]指出，在宏观政策导向的指引及市场竞争日趋激烈的背景下，国产邮轮自主品牌运营的综合能力亟待系统性优化，且基于游客价值感知视角的品牌竞争力提升研究迫在眉睫。

二、我国邮轮品牌竞争力提升是行业高质量发展的重要抓手

过去十年我国邮轮旅游实现了爆发式增长，年均客运量增长保持在 40%~50%，现已成为全球第二大邮轮客源国。预计未来二十年，中国邮轮旅游业将持续处在黄金发展期，邮轮产业品牌将成为推动我国旅游经济供给侧改革的重要支点和推动力。

（一）产业规模驱动邮轮产业高质量发展

在首艘国产大型邮轮商业首航成功推进的过程中以及全球邮轮运力稳步增长的背景下，产业结构日趋完善、产业体量迅猛增长，我国邮轮业由高速发展期转入高质量发展阶段。根据联合国世界旅游组织（UNWTO）的

数据，大多数专家预计要至 2027 年，全球邮轮才能从供过于求转为供不应求。到 2035 年，中国邮轮经济总量将达到五千亿元（《人民日报》，2023）。《邮轮绿皮书：中国邮轮产业发展报告(2023)》中相关数据披露，全球邮轮旅游市场需求旺盛，绿色环保邮轮市场规模增大。在国家经济总体由高速增长转向高质量发展的宏观导向下，我国邮轮产业经济也呈现出由高速增长转向高质量、高品位发展的新业态模式。就市场份额而言，20 世纪 90 年代以来，全球邮轮旅游产业年均增长速度高达 8%，同期全球

邮轮产业的高质量发展，既需要行业的内驱动力，更需要国家提供的政策引领与支持。

旅游产业的年均增长率只有 4% 左右；就游客增量而言，2022 年，得益于各国陆续放松旅行限制，全球邮轮市场强劲复苏，全球主要邮轮公司所属邮轮船队全面复航。2022 年全年全球邮轮旅客量明显回升，达 2040 万人次，同比增长 325%。2024 年上半年，我国邮轮旅客运输量约 50 万人次，恢复至 2019 年同期的一半以上，二季度邮轮旅客运输量较一季度环比增长近 60%。在邮轮运输市场将继续稳步恢复的过程中，市场竞争将逐渐呈现白热化，提升本土邮轮自主品牌竞争力的重要性愈加显著。

（二）政策驱动邮轮产业高质量发展

邮轮产业的高质量发展，既需要行业的内驱动力，更需要国家提供的政策引领与支持。第一，国家和地方政府制定和出台了邮轮政策以支持邮轮行业发展。国务院及其交通运输主管等部门相继出台了有力的政策措施，全力保障邮轮行业的发展。2018 年，交通运输部等十部门联合出台《关于促进我国邮轮经济发展的若干意见》，提出积极培育邮轮市场、拓展提升港口服务能力等具体任务；2022 年，工业和信息化部、交通运输部等五部门发布意见，进一步推动加快邮轮游艇装备及产业发展；2023 年上海发布《推进国际邮轮经济高质量发展上海行动方案(2023—2025 年)》，青岛出台《青岛市邮轮旅游高质量发展扶持措施》，一系列政策举措释放了积极信号，为邮轮行业发展注入动力。我国政策性银行、商业银行和融资租赁公司等也为我国邮轮建造工程提供了充裕的资金支持。第二，国家和地方政府完善服务方案，为邮轮行业创造良好的发展环境。依据中国邮轮生产地区分布和消费地区分布，地方政府为邮轮产业创造安全通畅的通航环境，提供优越完善的靠泊设施，以此提高邮轮港对优质邮轮资源的吸引力。深圳持续提升蛇口邮轮港码头设施服务能力，目前已具备可停靠全球最大等级的 22

万吨级邮轮的靠泊能力。为了确保“停得下”和“进得来”，深圳海事局专门为大型邮轮安全进出港制订一整套交通组织服务方案，提前掌握进出港计划，统筹重要航路的指挥调度，大幅提升靠泊效率，缩短旅客等待时间。天津东疆边检站提前分析邮轮旅客的构成特点和行程安排，针对过境、中转旅客，落实过境免签等通关便利化举措，采取提前审核、海上办理和加开临时办证窗口等措施，创造良好出入境体验。厦门邮轮码头已实现邮轮泊位岸电全覆盖，以提升对邮轮的服务能力。这些是本土邮轮品牌建设的基础，为品牌竞争力提升提供了重要保障。

三、我国邮轮自主品牌竞争力提升的瓶颈问题

（一）本土邮轮品牌认知度整体偏低

目前全球邮轮旅游市场主要为三大集团所占领，分别为嘉年华集团、皇家加勒比集团及诺唯真邮轮公司。根据全球邮轮公司年报公布数据及邮轮行业收入对2021年市场占有率进行计算得到，嘉年华邮轮集团是全球邮轮行业当之无愧的领军企业，营收份额占比37.1%，嘉年华邮轮集团、皇

爱达·魔都号
曹惠忠/摄

家加勒比邮轮集团、诺唯真三大邮轮集团占比 71.8%，全球邮轮行业市场集中度较高；按乘客人数来看，2021 年嘉年华集团占比最高，市场份额占比为 42%，皇家加勒比邮轮集团和诺唯真邮轮公司占比分别为 23.6% 和 9.5%。此外，包括嘉年华邮轮、荷美邮轮、公主邮轮、世邦邮轮、胜景邮轮、冠达邮轮、阿依达邮轮、歌诗达邮轮等在内的邮轮构成全球的邮轮品牌生态，为拥有不同文化、不同语言、不同诉求的消费者提供了丰富的休闲度假产品选择。而与外资大型邮轮公司的品牌相比，本土邮轮品牌处于“幼稚”期，受众认知度亟待培养。

（二）本土邮轮品牌竞争优势尚不明显

本土邮轮品牌初入市场，在管理经验、运营经验方面稍显不足，导致竞争优势不明显。2023 年 9 月中国船舶集团旗下爱达邮轮“地中海”号邮轮的首秀之行的反馈不太理想，自媒体小红书上有超过 210 篇乘客吐槽首航的帖子，集中反映爱达邮轮在设施、餐饮、服务等方面存在的问题，相关工作有较大改进空间。全球豪华邮轮建造及运营企业主要集中在欧美澳，而我国大型豪华邮轮领域相关的制造与运营经验比较缺乏，且邮轮港口还缺乏成熟的服务及管理机制、我国邮轮港口建设缺乏全国整体性规划、邮轮港口商业化运营能力较弱。这些因素都在一定程度上制约了我国本土邮轮品牌的竞争力。

（三）邮轮品牌宣传手段较为传统且单一

目前从传播工具和传播方法看，无论是产品宣传还是销售，国内邮轮公司都较为依赖旅行社或旅游代理商这类传播渠道，官网和网络宣传、销售尚且较为薄弱。就传播平台而言，本土邮轮品牌在抖音、小红书、b 站、微博、微信公众号等新媒体上的有效内容渗透较少，而这些新媒体基本构成了互联网时代消费者旅游攻略和买票的主阵地。与此同时，充分结合邮轮用户特征所做的调研也较为欠缺，以及在加强邮轮品牌消费者的细分化宣传方面也有较大的提升空间。

四、我国邮轮自主品牌竞争力提升对策

（一）建立基于中国实际与中国特色的邮轮自主品牌定位

中国本土邮轮品牌应基于中国国情、着眼中国实际，在战略层面建立区别于西方模式、具有中国特色的品牌定位。一是更懂中国消费者：即结合常态化、系统化的游客调研，洞察中国本土邮轮消费者用户群体的动态画像，目前颇受关注的邮轮消费群体包括银发族、Z 世代、亲子群体，应根据其在邮轮航线规划、饮食习惯及旅游消费方面的偏好进行相应的本土化探索。二是更具中国特色：与西方主导的奢华风格的豪华邮轮应有所不同，在中华传统价值观的导向下、消费降

级的背景下，中国自主邮轮品牌定位应更为亲民、更为彰显性价比，同时，充分融合博大精深的中华优秀传统文化。

（二）完善基于用户价值感知的本土邮轮自主品牌生态

用户价值感知是品牌竞争力的主要驱动因素，应结合用户对邮轮产业链上多个环节的价值感知建立并优化基于邮轮产业链的品牌生态，从而丰富品牌接触点体系。一是打造传统邮轮品牌项目，即根据游客在邮轮上的消费体验与价值感知，进行品牌打造与优化，包括邮轮（船舶）品牌、邮轮餐饮品牌、邮轮演艺 / 展演品牌、邮轮航线品牌、邮轮旅游零售品牌；二是实行“船港城乡”融合的协同发展目标，结合当地城乡经济社会发展特色，推动旅游消费场景与邮轮旅游的文商旅教深度融合，丰富邮轮品牌生态，包括始发港品牌、港口品牌、港口餐饮品牌、港口文旅品牌等。

（三）构建细分化智慧化的邮轮自主品牌传播路径

中国本土邮轮品牌尚处在起步期，市场需求需要培育与激发，在打造品牌的同时也应同步优化宣传路径。一是传播路径的细分化，即对应不同受众群体的触媒特点、内容偏好，比如银发群体对于养生、大健康话题较为关注，Z 世代对于二次元文化、流行时尚文化话题较为关注，因此构建相应的内容矩阵，通过细分化的媒体平台传播，同时，匹配线上线下、船上港口联动的宣传推广，全方位地整合营销传播。二是传播路径的智能化，一方面常态化地对微博、微信、抖音、旅游 App 等网络数据信息进行舆情监控，及时发现本土邮轮品牌相关舆情、分析处理舆情，另一方面运用 Martech 技术，动态化个性化地进行品牌的智能传播。

参考文献

[1] 胡田 . 国内游客对邮轮旅游服务质量认知的路径机理及客源细分差异实证研究 [M]. 上海：立信会计出版社 ,2018.

[2] 程爵浩 , 张璐清 . 中国邮轮产业：持续调整 酝酿突破 [J]. 中国远洋海运 , 2020(2):52-55.

[3] 张江驰 , 谢朝武 , 黄倩 . “恐怖邮轮”：旅游危机事件在社交媒体场域下的框架建构 [J]. 旅游学刊 ,2022,37(10):103-116.

[4] 曹 雪 . 涉入理论视角下邮轮旅游者购买决策行为研究［ D ］. 三亚：海南热带海洋学院，2022.

[5] 彭兆韵 . 后疫情时代上海邮轮港口竞争力分析 [J]. 水运管理，2023（12）:21-25.

[6] 孙新春，禹琴 . 现代治理视角下三亚凤凰岛国际邮轮港发展建议 [J]. 中国海事，2024(6): 71-73.

[7] 苏翔 , 陈芳 , 王志英 . 网络环境下中国消费者对邮轮品牌形象感知研究 [J]. 2020(6):101-110.

[8] 王慧彤 , 吴国清 , 徐嘉璇 . 邮轮经济与国际消费中心城市建设互动研究 [J]. 科学发展 ,2024(2):40-48.

[9] 王太灿 , 叶欣粱 , 孙瑞红 . 基于在线评论的我国内河游轮形象感知研究 [J]. 上海经济 ,2021(4):42-55.

[10]周淑怡 , 孙瑞红 , 叶欣粱 . 疫情影响下中国邮轮产业利益相关者的演化博弈与战略选择 [J]. 中国水运 ,2024,24(12):45-47.

中国邮轮全产业链发展的人才建设初探

文 / 何红弟[1]　赵红梅[2]　苏兆前[3]　刘臣[4]

2023 年，我国自主设计和建造的大型邮轮顺利完成交接，标志着我国邮轮产业进入全新的时代，初步形成了全产业链的发展模式。然而，邮轮人才的短缺却限制了中国邮轮全产业链的快速发展。在此背景下，本文分析中国邮轮全产业链人才建设的必要性，归纳中国当前邮轮产业链上游、中游和下游的人才需求现状，并从顶层设计、高校职责、实践实训、国际合作、人才认证等方面，分别构建中国邮轮全产业链人才建设的路径和措施。

一、中国邮轮产业发展的人才建设刻不容缓

2023 年 11 月，国产大型邮轮“爱达·魔都号”顺利完成交接，并于 2024 年初正式首航。首艘国产大型邮轮的设计建造和自主运营，标志着中国邮轮经济初步形成了全产业链的发展模式。而与之相伴随的是邮轮人才需求量的井喷式增长。《中国邮轮游船游艇行业发展报告（2022—2023）》预测数据显示，2035 年中国船员的需求量将会达到 17 万人，但目前的人才供给量仅 2 万人左右。由此可见，我国邮轮产业人才供需严重不平衡，中国邮轮经济产业链发展迫切需要培养大量的邮轮人才。

与此同时，当前国际形势下中国邮轮产业人才自主培养势在必行。近年来，中美经贸摩擦时有发生，美国频繁借“国家安全”之名行保护主义之实，对我国国内部分产业釜底抽薪。在此背景下，中国邮轮产业有必要未雨绸缪，提前自主培养一批高素质、专业化的邮轮设计、制造、运营、服务等方面的人才队伍。这样，我国邮轮产业才能在全球邮轮市场中站稳脚跟，才能积极主动参与全球邮轮经济竞争与合作。

综上所述，从国内外形势来看，中国邮轮全产业链发展的人才建设刻不容缓。我国应加大对邮轮人才的培

[1] 上海交通大学船建学院交通运输工程系，副教授。
[2] 上海交通大学船建学院交通运输工程系，副教授。
[3] 上海交通港航研究中心，高级工程师。
[4] 招商局邮轮研究院（上海）有限公司，工程师。

养力度，提高人才队伍的专业素质，为邮轮全产业链发展提供有力的人才支持。

二、中国当前邮轮全产业链的人才需求现状

（一）在邮轮全产业链的上游，邮轮设计与制造人才稀缺

邮轮设计制造是一个综合性的工程，需要在技术、安全、环保、舒适性等方面找到平衡点，需要具备高水平的工艺技能。同时，还需要应对行业标准的变化以及乘客对于船上体验不断提升的需求。例如，在设计过程中，需要使用复杂的软件和算法进行模拟和分析，以确保邮轮在不同海况下的稳定性和安全性；在制造过程中，需要使用先进的制造技术和自动化设备，以确保质量和效率。经过两百年的沉淀，欧美等国已经在该领域形成了一套精细化的邮轮设计方法和制造流程[1]。而我国在该领域起步较晚，邮轮设计方面人才储备不足，高端设计人才尤为奇缺，具备国际先进水平的制造人才更为匮乏。

（二）在邮轮全产业链的中游，邮轮运营管理人才严重不足

邮轮运营是一个复杂的系统工程，需要管理人员具备市场营销、商务运营、海事运营、酒店管理等全方面能力。他们需要对邮轮旅游的整个过程进行统筹安排，能够将理论知识应用于邮轮经营管理的实践之中、能协调好员工之间的关系，遇到问题随机应变。目前，我国邮轮运营的高级管理人员大多数是外籍人员。例如，2023年爱达邮轮任命的船长、轮机长和酒店总监等三名首批邮轮海上高级管理人员均是外籍人员。当然，我们也有自己的管理人员，但是这些管理人员大多是从传统旅游业转业而来，缺乏邮轮行业的专业知识和管理经验[2]。

（三）在邮轮全产业链的下游，邮轮基层服务人才素质有待提高

邮轮是一座移动的海上城堡，集“吃、住、行、游、购、娱”于一体，对邮轮基层服务人员的要求比较高。首先，邮轮在旅游业中属于相对高端的旅游方式，服务需求形式多样，如餐饮服务、客房服务、娱乐服务、健康服务等，这就要求服务人员具备一定的专业技能和服务意识。其次，邮轮旅游是一种国际化的旅游方式，服务人员需要掌握多种语言，如英语、日语、法语等，这就要求服务人员具有一定的语言能力和跨文化修养。而我国邮轮服务业起步晚，一些邮轮服务人员缺乏相关的专业技能和知识，无法为游客提供高质量的服务，同时基层服务人员的服务意识和国际化视野也需要加强[3]。

三、中国邮轮全产业链发展的人才建设策略

（一）完善顶层设计，构建邮轮产业不同层次的人才培育目标

构建邮轮产业不同层次的人才培

育目标，首先需要政府部门明确中国邮轮产业的发展方向和目标，确定未来邮轮产业发展的人才需求。针对邮轮产业不同层次的人才需求，制定不同层次的人才培养目标，例如服务人才服务能力培养目标、技术人才专业技能培养目标、高端人才管理能力培养目标等。此外，政府部门应从政策制定、经费投入、监督保障等方面着手，切实消除妨碍邮轮产业人才发展的障碍物，为邮轮产业不同层次的人才发展提供优良环境，助推中国邮轮经济发展。

（二）发挥高校优势，优化邮轮全产业链人才培养体系

高校的重要职能是人才培养、服务经济社会发展。针对目前中国邮轮产业人才匮乏的现状，建议高校发挥自身优势，培养中国邮轮全产业链的人才队伍。具体措施包括：设置邮轮相关专业，如邮轮设计、邮轮工程、邮轮运营管理和旅游管理等，有针对性地为邮轮全产业链输送人才；完善邮轮产业人才培养体系，注重理论与实践相结合，培养具备综合素质的邮轮产业人才；加强师资队伍建设，引进和培养一批具有邮轮产业相关背景的优秀教师，提高教学质量和科研水平；开展面向在职邮轮产业从业人员的继续教育课程，助力在职人员提升自身技能和素质[4]。

（三）加强实践实训，建立邮轮产业校企协同育人模式

结合邮轮产业的实践特色，形成政府支持、企业参与、高校培育的协同育人模式，推进产教深度融合。具体包括：与企业导师共同剖析邮轮旅游及中游环节所涉及的人才职业能力和岗位素质要求，对接邮轮旅游企业的招聘要求，确定邮轮旅游人才培养目标；与企业共同开发课程，引入企业实际案例，使学生能够更好地了解产业发展动态和行业需求；与企业共同建立实习实训基地，安排企业经验丰富的工程师、管理者等参与指导，帮助学生更好地掌握实际操作技能，培养学生的职场意识和职业规范，树立正确的职业道德观。

（四）推动国际合作，培育具有国际视野的邮轮复合型人才

中国邮轮市场亟须培养具有国际化视野的邮轮复合型人才。鼓励邮轮企业积极参与国际邮轮产业相关活动，加强与国际邮轮产业的交流与合作，提升我国邮轮产业的国际影响力。鼓励我国高校与国际知名邮轮专业院校开展合作办学，引进国际优质教育资源，引进国际优秀邮轮专业教师，提升我国邮轮专业师资队伍的整体水平，提供专门的外语培训课程，如英语、西班牙语等，帮助学生提升在国际环境中的语言交流能力，设计包含国际邮轮产业状况、全球邮轮旅游趋势、跨文化沟通等内容的课程，培养具有国际竞争力的邮轮复合型人才。

（五）推广人才认证，形成有利于邮轮人才成长的发展机制

邮轮人才认证旨在建立一个专业

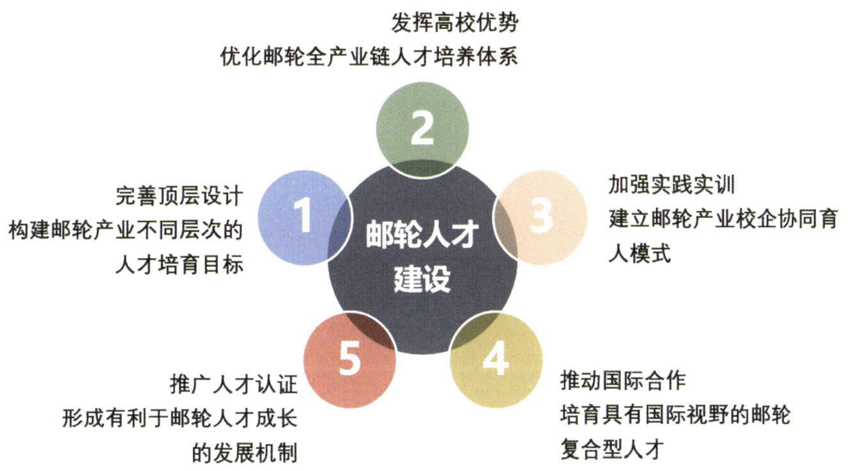

邮轮全产业链发展的人才建设策略

的人才评价体系，通过考核邮轮行业从业者的技能、知识和素质，为他们提供职业发展的指导和支持。建议行业专家、邮轮企业和教育培训机构共同参与制定认证标准，确保认证内容与行业需求相匹配，提高认证的权威性和认可度。鼓励邮轮企业和行业组织优先录用持有邮轮人才认证的从业者，推动邮轮人才认证的普及和推广。建议政府出台相关政策，如提供资金支持、税收优惠等，支持邮轮人才认证的发展。同时，建立邮轮人才库，为邮轮企业提供人才推荐服务，促进人才与企业的有效对接。

四、总结

欧美邮轮产业在两百多年的发展过程中，已经形成了完整、成熟、稳定、高效的运行体系。然而，中国邮轮全产业链的人才需求呈现出上游设计与制造人才稀缺，中游运营领域技术人才缺乏专业性，下游基层服务人才素质待提高的特点。中国本土邮轮产业，若没有系统的颠覆性创新、实现邮轮产业跨越式的创新发展，想要在未来实现后来居上的可能性几乎没有。因此，中国邮轮产业需要创新、必须创新，更要大胆地创新。而这一切的实现都依赖于中国邮轮全产业链发展的创新型人才建设。为此，中国应从完善顶层设计、发挥高校优势、加强实践实训、推动国际合作以及推广人才认证等方面着手，以满足邮轮产业发展的人才需求，推动中国邮轮全产业链的健康发展。

参考文献

[1] 甘胜军，许泽成．疫情常态化防控背景下我国邮轮产业链可持续发展研究[J]．交通企业管理，2022,37(2):1-4.

[2] 谭金凤．粤港澳大湾区邮轮旅游人才培养探索[J]．太原城市职业技术学院学报，2022(10):1-4.

[3] 孔洁，程芸燕，邹智深．国际邮轮乘务管理专业人才培养探析[J]．航海教育研究，2021,38(2):57-61.

[4] 王晶，孙瑞红，叶欣梁．邮轮乘务人才的供求预测与差距弥补分析[C].2022中国旅游科学年会论文集，2022: 513-525.

新质生产力打造邮轮“制造港”

——新形势下通过技术创新做强邮轮制造体系的路径探索

文 / 蔡东伟[1]

2023 年 8 月 18 日，上海市政府发布了《推进国际邮轮经济高质量发展上海行动方案（2023–2025 年）》，确立了将上海建设成为邮轮“枢纽港”“总部港”“制造港”的宏伟蓝图。此项战略规划不仅为上海邮轮经济的繁荣发展指明了方向，也为邮轮制造业的转型升级注入了新动力。

继该方案发布之后，2024 年，民盟上海船舶系统委员会进一步向民盟上海市委提出“构建上海‘枢纽港 + 总部港 + 制造港’邮轮经济新模式的战略研究”建议研究课题。该课题旨在探索上海邮轮经济新模式的构建路径，制定涵盖产业发展、政策支持、投资引导、人才培养和规划保障等领域的全面策略。明确的战略目标、清晰的实施路径和重点任务的设定，将确保上海邮轮经济模式的稳步推进和长期可持续发展。

大型邮轮制造，被誉为造船业的“明珠”，是新质生产力的典型代表。一艘大型邮轮的建造涉及 2500 万个零部件，数量是国产 C919 大飞机的 5 倍，复兴号高铁的 13 倍。它由 670 个分段和 74 个总段构成，远超一般民用船只的分段数量。邮轮上的电缆总长达到 4750 公里，相当于连接上海与拉萨的距离，拥有 107 个主系统和 905 个子系统，检验项目数量达到 132645 个，是常规民船项目的 15 倍以上。大型邮轮的建造不仅集中展现了高端装备制造技术，也是对一个国家在设计研发、国际供应链管理和全链条建造能力等方面的综合实力的全面体现，对整个产业链具有显著的推动作用。

邮轮制造业在邮轮产业链中占据着举足轻重的地位。它不仅能够带动相关供应链和服务业的发展，创造大量就业机会，而且由于涉及众多高端技术，具有强大的技术集群效应。此外，邮轮制造业的发展还将推动相关产业的技术升级和产业结构的优化调整，促进跨国合作，增强我国造船业的国际影响力。

面对全球竞争的加剧和当前全球

[1] 中国民主同盟上海船舶系统委员会副主委，中国海洋工程装备技术发展有限公司正高级工程师。

经济形势的快速变化，邮轮制造业在市场供需、技术引进、供应链稳定性等方面面临严峻挑战。本文将探讨在这一新形势下，如何利用技术创新来打造邮轮“制造港”效应，强化邮轮制造体系，以持续推动邮轮经济的高质量发展。

一、新质生产力的核心要素

在全球经济一体化和技术快速发展的背景下，新质生产力作为现代经济体系的新型动力，对生产力发展模式提出了新要求。尤其在高端装备制造领域，如邮轮制造业，新质生产力的应用成为推动技术进步、产业升级的关键因素。

新质生产力融合了技术创新和智能化手段，不仅促进了技术进步和产业升级，而且通过研发设计创新、先进制造技术、信息化与智能化，以及高效的供应链管理，优化了产业结构，提升了经济的整体竞争力。在邮轮制造业中，这一概念得到了充分体现，大型邮轮建造作为新质生产力的典型案例，展现了传统生产设施与现代信息技术的融合，确保了成本和工期的可控性，以及供应链管理的高度敏感性和创新驱动的产业结构优化。

二、研发设计创新

研发设计创新是邮轮制造业的核心动力，它包括数字化协同设计、关键技术创新和标准制定等方面。

（一）基于模型的系统工程的数字化协同设计

基于模型的系统工程（MBSE）是邮轮制造业的一项关键技术，它通过全三维数字化设计为设计师提供了一个集成和精确的设计平台。MBSE 的主要优势包括支持异地协同设计，实现多专业设计集成，将设计与计算分析一体化，并促进知识的迭代与传承。此外，MBSE 通过数字化手段紧密衔接设计与制造，优化了生产流程的效率和质量。MBSE 的应用不仅极大提升了设计精度和效率，缩短了设计周期，还加速了产品从概念到实现的整个过程，为邮轮制造业的转型升级和持续创新提供了强有力的技术支持，奠定了可持续发展的基础。

（二）邮轮设计关键技术

邮轮设计是一项集多专业领域技术集成与创新于一体的复杂系统工程。它涵盖了安全返港技术以增强紧急情况下的自救能力，全船重量控制技术以优化稳定性与性能，以及客船振动噪声控制技术以确保乘客舒适度。邮轮舱室环境控制技术通过智能系统自动调节室内环境，而安全管理控制技术则通过集成监控和预警系统提升整体安全水平。动力系统和能效优化技术致力于提高能效和减少环境影响，同时船舶操控和导航技术确保航行安全和操作便捷性。邮轮内部布局注重人性化设计，满足乘客多样化需求，而环保和可持续发展技术则贯穿于建造和运营全过程。最后，智能化和自动化技术的应用不仅提升了邮轮的运营效率，也为乘客提供了更加个性化的服务体验。这些技术的融合不仅提升了邮轮的性能和乘客的舒适度，也推动了邮轮行业的绿色发展和技术创新。

（三）邮轮设计标准及知识产权自主化

大型邮轮的设计和建造是一个受国际标准和规范严格约束的复杂系统工程，要求遵循国际海事组织（IMO）规定和邮轮行业协会的标准。这一过程不仅涉及国际标准的本土化适应，确保安全与环保，还着重于提升乘客舒适度，建立物资编码体系以优化供应链管理。此外，检验体系的建立与执行、风险管理、质量控制，以及二次开发和技术创新都是确保邮轮安全性和可靠性的关键环节。面对本土化过程中的挑战与机遇，有效的知识管理和技术传承对于积累邮轮设计和建造经验至关重要。同时，持续的研发投入和人工智能等先进技术的应用，以及国际合作与技术交流，将为本土邮轮制造业带来长期的技术优势和市场竞争力。

三、先进制造技术的运用

大型邮轮建造是一个涉及众多先进制造技术的复杂集成工程。这些技术的应用对于提升建造效率、降低成本、提高安全性和增强邮轮性能至关重要。以下是邮轮建造中的关键制造技术。

（一）薄板加工及焊接关键技术

薄板加工及焊接技术在邮轮建造中发挥着至关重要的作用，它们不仅对实现船体结构设计的轻量化和美观性至关重要，而且通过自动化和精确的工艺流程，显著提升了生产效率和产品质量。这些技术的应用确保了材料的兼容性和结构的完整性，同时，轻量化设计通过优化材料使用和结构设计减轻了船体重量，提高了邮轮的能效比和航行性能。复杂曲面制造技术精确地满足了现代邮轮对美学和流体力学的要求。自动化工艺减少了人工操作，降低了劳动强度，提高了生产一致性和产品的可靠性。精确焊接技术确保了焊缝质量，增强了船体结构的稳定性和耐久性。此外，环境友好型生产过程中采用的环保材料和工艺减少了对环境的影响，符合国际环保标准，展现了邮轮制造业对可持续发展的承诺。

（二）邮轮内装工程管理技术

邮轮建造的内装工程管理是一个高度专业化和协调性强的领域，它通过多专业间的紧密合作、精选材料的高质量与环保性、定制化设计满足市场和文化需求、高效的供应链管理、严格的施工计划与进度控制、全面的质量控制流程、环境与安全管理、建筑信息模型（BIM）技术集成、对细节的精细打磨、成本控制，以及文化和主题的深度融合，确保了邮轮内装不仅功能完备，而且在美学和乘客体验上达到卓越标准。此外，总包商的统一协调保障了设计与施工团队、供应商之间的高效协同，同时鼓励创新思

大型邮轮建造是一个涉及众多先进制造技术的复杂集成工程。这些技术的应用对于提升建造效率、降低成本、提高安全性和增强邮轮性能至关重要。

维和持续改进，不断探索新技术和工艺，提升内装工程的创新性和市场竞争力，最终为乘客提供一个美观、舒适、安全且难忘的海上旅行空间。

（三）建造项目管理技术

邮轮建造项目的复杂性要求运用尖端的项目管理技术，以确保分段制造、搭载规划、完工与调试的顺利进行，并有效协调众多供应商和承包商。其中包括精细的供应商协调，实时监控项目进度，严格的质量控制，精确的成本管理，定期的风险评估与应对，以及专业管理软件的应用，如ERP、QMS、RMS、DMS和CRM等，从而以此来提高管理效率和决策质量。此外，开发移动项目管理应用以实现项目管理的移动化和实时化，同时考虑建造过程的环境影响，采取可持续建造实践，确保项目符合环保标准，从而优化资源分配并降低潜在风险，提升现场反应速度和灵活性。

（四）巨系统供应链管理关键技术

邮轮建造过程中的巨系统供应链计划管理是确保建造流程高效顺畅的关键，它通过国际化采购策略精选成本效益最高的供应商，同时确保材料和部件的高质量与合规性。该管理策略强调供应链多元化以抵御市场波动，结合精准的需求预测与动态库存管理来降低成本并避免短缺。全生命周期的物流策略实现从原材料到成品交付的全程优化，而定期的风险评估与管理确保了对潜在中断的快速响应。环境可持续性通过绿色物流和材料选择得到加强，合同管理与供应商关系维护确保了供应链的长期稳定合作。合规性遵循避免了法律风险，而严格的质量控制保障了最终产品的品质。最终，提高的透明度和响应速度使供应链能够灵活应对市场和项目需求的变化，支持邮轮建造项目按计划顺利进行。

四、信息化与智能化技术的运用

大型邮轮建造过程中对信息化与智能化技术的综合运用，可以实现邮轮建造过程中更高水平的自动化、更高的生产效率和更好的产品质量，同时降低环境影响和提升安全性。打通的设计与建造数据中台，管理复杂界面的数字化管理平台、供应链管理平台，可以实现灵活的数据访问与协作，帮助项目团队随时随地访问关键信息。基于人工智能技术与数字孪生技术的运用，提供了更高效、更可靠的协同工具，在降低成本的同时，极大地改善了建造周期。

（一）数据中台的创建

信息化技术的运用重点在于创建一个基于单一源轻量化模型的数据中台。数据中台是一个集成的数据管理和分析平台，能够整合不同来源和系统的数据，提供一个统一的视图和访问节点，支持整个邮轮建造过程中的决策制定。数据中台需要能够支持从设计到建造的整个流程，实现设计意图到实际建造活动的顺畅转化。这包括设计变更的实时更新、材料清单（BOM）的管理以及建造过程中的监控。数据中台必须与现有的建造管理体系充分兼容，包括项目管理软件、ERP系统、SCM系统等。这确保了数据中台能够无缝集成到现有的工作流程中，而不会对现有的操作造成干扰。通过数据中台，项目团队可以实时共享和访问关键数据，包括设计参数、工程进度、供应链状态和质量控制报告，从而提高沟通效率和响应速度。

（二）建造数字化管理平台

邮轮建造过程中的数字化管理平台是一个集成的信息系统，它通过整合设计、工程、生产、供应链和质量控制等多个环节，实现数据的实时共享、流程的自动化和决策的支持。该平台基于单一源轻量化模型的数据中台，确保了设计数据的准确性和最新性，并与建造管理体系充分兼容，从而提高了整个建造过程的透明度、效率和响应速度。它支持项目团队进行有效的资源规划、风险管理、进度跟踪和质量控制，同时促进了跨部门和跨专业的协同工作，为邮轮建造项目的成功提供了强有力的技术支撑。通过这一平台，可以优化建造流程，减少浪费，提升生产效率，确保项目按时、按预算和按质量要求完成，最终实现邮轮建造的数字化转型和智能化升级。

（三）新兴技术的应用

数字孪生技术与人工智能技术是推动邮轮建造走向智能化、自动化的两项关键技术，具有良好的前景。

虚实融合检验调试技术结合了虚拟现实（VR）、增强现实（AR）和实际物理检验过程，允许工程师和技术人员在一个交互式和沉浸式的环境中开展设计验证与系统调试，并在建造前期进行可视化展示，帮助揭示潜在的设计缺陷和施工问题。在调试阶段，可以模拟系统运行，确保所有部件和系统在集成后能够按照预期工作。

人工智能技术在邮轮建造过程中的应用包括自动化设计工具、生产优化仿真工具，可对建造过程中的数据进行分析，为建造过程提供决策支持，通过机器学习强化材料优化使用和自动化质量控制，并通过实时仿真技术对建造工序和流程进行优化。

五、高效供应链管理

邮轮建造过程中的供应链数字管理平台是一个综合的信息化中枢，专门设计来提升国际采购的效率和精确性，同时优化库存管理。它通过实时数据分析和预测工具，使企业能够准确预测材料需求，及时调整采购计划，减少库存积压，同时避免短缺。该平台还强化了对供应商的管理，通过评估供应商的性能、可靠性和成本效益，确保选择最合适的合作伙伴，并建立长期稳定的合作关系。在物流管理方面，供应链数字管理平台利用先进的追踪技术和物联网（IoT）设备，监控货物的运输状态，实时响应运输过程中的任何变化或延误。这包括对运输方式、路线和时间的优化，以减少运输成本并提高交付速度。此外，平台还支持定制化的报告和分析，为管理层提供供应链运营的深入洞察，帮助他们做出基于数据的决策。综合来看，供应链数字管理平台通过国际采购与库存管理、供应商及物流管理的智能化，不仅提高了邮轮建造供应链的透明度和控制力，还增强了对市场变化的适应能力和整体的竞争力。通过这种集成化的管理，邮轮建造企业能够在保持成本效益的同时，确保供应链的稳定性和项目的顺利进行。

首艘国产大型邮轮的国产配套比例为30%左右，本土邮轮业未来的目标是加强本土供应链建设，提升配套国产化率，通过新质生产力的渗透，实现邮轮制造业中产业链、供应链的融合与优化。

（一）现有邮轮配套供应链的解析解构

结合邮轮建造新质生产力要素对现有邮轮配套供应链进行解析解构，需从全面评估现有供应链起步，融入研发设计创新，实施信息化与智能化升级，推动供应链本土化，促进跨行业协作，建立供应链风险管理机制，进行供应链优化，同时考虑环境与可持续性，维护知识产权与标准体系，构建供应链企业集群，加强国际合作与交流，并建立反馈与持续改进机制。这一系列综合措施旨在提高供应链的效率、稳定性和响应速度，同时降低成本，增强创新能力，实现邮轮制造业的转型升级和可持续发展。

（二）跨行业跨领域各级供应商的协作

结合新质生产力要素，建立一个多方参与的协作平台，使不同行业的供应商能够交流信息、共享资源和协调工作。开发和实施统一的技术服务标准，确保不同供应商提供的产品和组建能够无缝集成，通过信息化、智能化技术，建立信息共享机制，提升供应链透明度和效率。开展联合研发项目，共同解决邮轮建造中的难题。通过最佳管理实践，提高整个供应链的反应速度和灵活性。

（三）培育国内优势分支供应链

鼓励包括研发新材料、新工艺和新技术在内的技术创新，提升国内供应链的技术含量和竞争力。利用信息化新技术，推动智能制造和自动化技术在供应链中的应用，减少人工操作，提高生产效率和品质。整合上下游供应链资源，优化供应链结构，减少中间环节，降低成本，提高整体供应链的竞争力。

（四）构建邮轮供应链园区产业集群

以技术创新为核心，推动本土供应链企业采用先进制造技术与信息化管理手段，完善配套基础设施。制定支持邮轮发展的产业政策，吸引和鼓励企业入驻。创新整合本土供应链资源，优化供应链结构，提高供应链的协同效率和响应速度。吸引高端人才和团队，为园区提供智力支持。

六、邮轮制造体系的挑战与应对

与很多船海装备类似，邮轮建造产业也具有周期性、国际化、复杂技术集成等特征，邮轮建造产业在全球的转移受到全球经济格局、生产成本、技术能力、市场需求、政府政策等多种因素的影响。随着亚洲消费能力的增长，对邮轮的需求正在快速增加，促使建造产业向市场靠近。全球供应链的重组也影响到了邮轮建造产业的地理分布，拥有更好基础设施和供应链效率的地区成为首选。劳动力成本的差异也促使大型邮轮建造向成本较低的地区转移。亚洲地区快速发展的船舶总装建造能力，也推动了知识合作和技术转移。

当前邮轮制造体系面临三大挑战。

（一）突破技术壁垒

1. 工业软件风险

挑战：船海领域的大多数软件当前还依赖进口，包括鹰图SMART 3D在内的各类工业软件未来仍受到制约。

应对：鼓励国内软件服务商参与开发和应用，从中间件开发，到分系统兼容应用，逐步推进提升能力。应用国产化技术，开发流程文档共享兼容平台，逐步兼容国产数据库。

2. 关键设备与零部件技术风险

挑战：关键设备及零部件供应链国产化还需要进一步提升，包括性能指标、可靠性、轻量化指标、造价等因素。

应对：通过“联合工业项目”解构配套系统与设备，政府应鼓励企业与国内高校及科研院所开展合作，分享技术要求与实践案例，开展零部件、分系统兼容性攻关，直至实现全部设备国产化替代。

3. 新材料的供应风险

挑战：很多新材料的应用与需求息息相关，规模化市场前景的牵引作用有待加强。

应对：与国内高新技术企业，尤其是中小企业开展合作，详细解析解构技术要求，帮助国内企业开展研制攻关，并主动为国内企业创造市场推荐机会。

4. 标准规范制约

挑战：国际邮轮建造已经形成一套成熟的标准和规范体系，国内企业在这方面处于劣势。

应对：实践是最好的标准案例，通过技术创新，承接高难度项目，获得国际认可，进一步参与标准制定。

5. 国际交流与合作

挑战：当前国际环境复杂，如何快速形成国际先进企业、配套企业的交流合作，借鉴国外理念，快速构建能力。

应对：依托新质生产力要素，借鉴国际先进企业的创新合作模式和经验。一是充分利用协作平台，借鉴国际先进的“联合工业项目”模式，联合不限于制造商、供应商、研究机构、监管机构在内的多个利益相关方，共同推动合作研发，进而建立“联合研发中心”。核心企业通过参与国际标准制定，推动其他中国供应商共同参与相关标准制定，将企业自身优势融入标准中。加入国际产业联盟，引进国际专家加入上海团队。

（二）质量与效率提升

1. 先进制造设备的投资挑战

继续引入自动化、数字化和智能化的制造技术，同时也需要进一步贯彻精益生产理念，并运用新技术在成本效益之间取得平衡。

2. 进一步贯通生产各环节的挑战

通过数字化平台整合设计、采购、生产、质检等各个环节，实现信息共享和流程协同，提高响应速度和透明度，在精益体系下优化部分人工介入环节，进行无人化或少人干预改造。

3. 实施总包管理的挑战

通过数字化技术的支撑，建立强大的总包管理及供应链管理系统，建立总包管理知识库，运用新技术提升管理效率。

4. 实现全过程管控的挑战

基于邮轮建造知识图谱的构建，借助人工智能技术与数字孪生技术，实现全厂的可视化管理与基于数据驱动的仿真与决策。

（三）稳定性与可持续发展

1. 加强本土供应链的建设

政府和行业共同发力，建立高效的协作平台，加强本土供应链建设，培育和支持本土供应商，提高国产化率，减少对外部供应链的依赖。

2. 建立多元化供应商策略

透过供应商画像等措施，建立多元化的供应商体系，避免对单一供应商的过度依赖，提高供应链的抗风险能力。

3. 推动供应链风险管理

借助大数据分析技术，建立有效的供应链风险管理与评估机制，对潜在的供应链风险进行评估和预防，确保供应链的稳定性。

4. 建立长期合作协议

借助信息化技术，建立高效沟通渠道，与关键供应商建立长期稳定的合作关系，通过签订长期合作协议，保障原材料和关键部件的稳定供应。

5. 供应链整合与优化

通过整合和优化供应链，形成供应链集群优势，提高供应链的效率和响应速度，降低运营成本，提升整体竞争力。

七、案例研究与分析

上海外高桥造船通过一系列创

新举措，积极构建邮轮数据服务平台（CDSP），致力于提升邮轮设计和建造的数字化、集成化管理。2022年4月立项的CDSP平台，不仅集成了轻量化模型的丰富数据，支持基于模型的系统工程（MBSE）理念，而且在2023年1月推出了“设计数据驾驶舱”，进一步增强了设计和建造效率。

在设计领域，外高桥造船引进并开发了全专业三维设计软件SMART 3D，实现了从基本设计到详细设计、生产设计及工艺设计的一体化，以及多专业并行设计和设计与计算分析的一体化。同时，通过技术标准的引进与转化，建立了600余项适用于大型邮轮的企业技术标准，形成了完整的标准化体系。

安全返港设计关键技术的消化吸收，确保了邮轮在紧急情况下的安全性。而邮轮工程总承包（EPC）体系的构建，通过顶层设计和创新团队的建立，实现了计划管理、成本控制和安全管理的全流程合规管理。

技术进步还体现在SWS-TIME系统的发布上，这是一个基于微服务框架的一体化工业级平台，支持全三维、全过程、全球化协同设计，实现了从设计到建造的全流程信息化协同管控。该平台通过数据智慧化和云技术，为邮轮建造提供了便捷高效的信息化管理方式，实现了物资物流信息的动态可视化。

在生产制造方面，外高桥造船建立了国内首个邮轮专用薄板智能生产车间，采用MES系统和工业互联网技术，提升了建造效率和精度管理水平。同时，突破了邮轮振动噪声预报及控制技术，确保了振动噪声满足交船指标要求。

此外，设计、建造一体化重量控制协同体系的构建，通过数字化技术实现了重量和重心的精确计算及实时监控。国产大型邮轮区域完工管理系统的建立，提高了完工管理效率，实现了管理流程的无纸化。

这些举措体现了外高桥造船在邮轮设计、建造和管理方面的全面创新和深入实践，为打造邮轮“制造港”提供了坚实的技术基础和行业领先的管理经验。

上海外高桥造船实施的一系列创新亮点凸显了其在邮轮制造领域的技术进步和数字化转型。SWS数字化设备保障中心通过实时监控关键设备状态，利用运行看板和预防性维护，确保了生产的高效率和设备的稳定运行。AR远程检验工作室结合AR+5G技术，使用HiAR H100智能眼镜，实现了第一视角的高清检验和远程实时指导，提升了检验工作的效率和准确性。

数据的无缝流动在设计和建造之间通过邮轮设计知识图谱实现，整合了设计图纸、工艺流程和供应链信息，形成统一的数据源，提高了协同效率并降低了成本。CDSP平台的五维数字孪生技术进一步增强了对邮轮全生命周期的管控，通过三维模型融合时间轴和配套轴，为建造状态监控和生产

通过技术创新持续做强邮轮制造体系的三部曲，包括基础建设与技术研发、产业链整合与市场开拓、持续创新与国际竞争力培育三个阶段。

预警提供了强有力的技术支持。

在设计体系的优化与自主方面，大型邮轮的协同设计管理遵循规范化和标准化流程，通过统一的设计标准和优化的流程，提升了设计效率和质量。实时监控和反馈机制确保了设计过程的顺畅，有利于及时解决问题，从而推动了邮轮制造业的持续创新和高质量发展。

八、未来展望与总结

（一）打造中国上海邮轮“制造港”的三个阶段

通过技术创新持续做强邮轮制造体系的三部曲，包括基础建设与技术研发、产业链整合与市场开拓、持续创新与国际竞争力培育三个阶段。

基础建设与研发阶段：重点在于建立邮轮制造所需的基础设施，包括船坞、车间、测试设施等，着手邮轮设计和制造的基础技术研发。

产业链整合与市场开拓阶段：产业链整合阶段的目标是构建一个包含自主设计体系在内的完整邮轮制造产业链，包括上游的原材料供应、中游的制造和组装，以及下游的销售和服务。

持续创新与国际竞争力培育阶段：持续投入研发，不断推出技术更先进、设计更人性化、环保性能更优越的邮轮产品。积极参与相关行业标准的制定，推动中国邮轮制造标准的国际化。

（二）当前邮轮“制造港”已具有的基础

1. 世界级的邮轮设计制造总装基地建设

初步建设完成世界级的邮轮设计制造总装基地，包括建造配套供应链、制定运营标准和检测认证体系，这也为邮轮制造相关企业提供了良好的发展环境。基地的建设和运营，为吸引人才、促进产业链企业集群，形成完整的邮轮制造产业链打下了基础。

2. 邮轮研发设计体系的建立

建立邮轮研发设计体系，打造具有一定自主知识产权的邮轮产品，提升了邮轮制造的核心竞争力，还有助于形成具有全球影响力和竞争力的中国邮轮品牌。上海已能够基本独立完成邮轮的设计和研发工作，减少对外依赖，提高自主创新能力，同时也为国内邮轮制造业的发展树立了标杆。

3. “爱达·魔都号”已实现了30% 的国产化率

除培养了钢板原材料供应商外，还培养了如山东德州电机等国内供应商，包括铝合金天幕结构、防火门、锚链等产品均通过国产化实现了替代，将朝着50%的国产化配套方向努力。

4. 邮轮配套产业园初现端倪

围绕邮轮供应链本土化，位于长江入海口的上海外高桥区域正在积极布局，加快建设邮轮特色产业园。根据规划，到2025年，这里将初步建成世界级邮轮制造总装基地、服务全国并辐射亚洲的亚太邮轮物供基地。

5. 国产数字化平台对巨系统工程产业链的支持

可以实现设计、采购、物流、计划等环节的线上应用，促进产业链上下游信息共享、协同管理。数字化应用大大提升了邮轮建造的整体效率和响应能力，自主开发的数智化平台，可以同时处理20万条计划安排，依赖这样的技术支撑，可以让产业链下游供应商抵近需求，抵近现场，更快地适应邮轮建造需求。

（三）未来新质生产力打造邮轮“制造港”的路径

展望未来，打造邮轮“制造港”将依托新质生产力，涵盖设计创新、先进制造技术、信息智能化、总包能力以及供应链能力五大关键维度。我们将采用基于模型的系统工程理念，推动数字化协同和跨地区在线协作，通过关键技术攻关，建立中国邮轮设计中心。在制造领域，部署智能设备，实施精益生产，构建智能产线和数字化实验室，实现能源的智能管理。在信息与智能化方面，通过区域互联和数据中台建设，发展工业互联网平台，实现知识驱动的智能工厂。总包能力建设将通过标准化模块，实现设计建造、区域完工和供应链的一体化，打造具有国际竞争力的邮轮制造中国品牌。在供应链能力建设方面，则侧重于本土供应链的培育、多元化供应商策略、风险管理以及建立长期合作伙伴关系，形成具有国际化竞争力的供应链企业集群。这一系列措施共同推动邮轮制造业向更高效、智能、可持续的方向发展。

（四）紧抓时机，实现新质生产力在邮轮制造体系的快速渗透

展望未来，应当推动基于数据驱动的决策，依托人工智能技术，将当前人工介入耗时长，处理慢的环节，通过深度学习和训练，形成自动处理模块，持续推动基于数据的自动业务决策。通过技术创新不断降本，继续寻找人工智能、新材料等技术在邮轮总装建造及产品配套领域的结合点。在巨系统联合仿真、调试等技术细分领域，加大试点和投入。发挥政府和行业的协同作用，尽快启动国产化软件兼容性调研和开发，支持国产软件模组的平替。鼓励和引导船海配套企业发展邮轮配套产品和部件，支持建立邮轮测试认证体系，建立企业集群。紧抓时机，实现新质生产力在邮轮建造体系中的快速渗透下沉，从而打造更强的中国邮轮建造体系。

第五篇 饮水思源

曹惠忠／摄

饮水思源

上海交大人的作为

no.1

文 / 陈刚[1]

大家好，我是陈刚，中国船舶集团上海外高桥造船总经理、国产首制大型邮轮（“爱达·魔都号”）前线总指挥和总设计师。

“爱达·魔都号”是我国第一艘国产大型邮轮，它身长 323.6 米，相当于一座平放的埃菲尔铁塔，能同时容纳 6500 多人在上面起居生活，是一座移动的海上城市。外高桥造船经过 8 年科研攻关、5 年设计建造，终于把习近平总书记擘画的邮轮产业发展宏伟蓝图变为施工图、实景画，标志着中国船舶工业成功摘取了世界造船业“皇冠上的最后一颗明珠”，填补了中国造船业最后一块空白。

在中国实现大型邮轮研制零的突破，有三个最突出的难点。一是难在“史无前例”，大型邮轮是全球最复杂的单一机电产品，是世界船舶工业的技术制高点。面对欧洲的技术垄断，我们确定了“引进－消化－吸收－再创新”的路径模式，勾勒出全球合作的“新图谱”，先后攻克了多项核心关键技术，摸索出了一条以我为主、开放合作、协同创新、全球配套的邮轮装备产业发展道路。二是难在“工程浩大”，大型邮轮整船零部件约 2500 万个，是 C919 大飞机的 5 倍、“复兴号”高铁的 13 倍，全船电缆 4750 公里，超过上海到拉萨的铁路距离，工程物量是常规船舶产品的数十倍。三是难在“全流程协同”，邮轮设计建造涉及 25 个国家的数百家分包商，现场建造最高峰时超过 5000 人，协同管控难度大，对总承包商的信息化、数字化应用水平提出了严格要求。

国人对邮轮的认识大都是从 1998 年 4 月詹姆斯·卡梅隆导演的电影《泰坦尼克号》开始的，影片复现了泰坦尼克号邮轮的精致内装潢，杰克和露丝的爱情故事、席琳·迪翁的《我心永恒》、“you jump I jump”演绎出来的各种桥段都成了传世经典。当时我正在准备博士研究生的考试，作为一名船舶专业的学生，对这部电影的认识和好奇比普通观众更多一点的地方就是电影中描述的泰坦尼克号最终的断裂过程到底是不是仅电影中描述的这样而已，当时的中国造船业尚处在成长期，当时的外高

[1] 中国船舶集团上海外高桥造船总经理、国产首制大型邮轮（“爱达·魔都号”）前线总指挥和总设计师。

邮轮工程作业现场一

桥造船还处在筹建期。

2001 年，我从上海交通大学结构力学专业博士毕业，来到刚成立不久的外高桥造船公司。当时，也正是国内造船业全面熟悉国际标准、国际规范，不断构建能力的一个时期。从 2001 年到 2011 年，对我个人来说，是在海工装备项目上历练实践的十年。对中国造船业来说，是积蓄能量即将迎来大爆发的十年。这十年间，基于改革开放到世纪之交的几代造船人打下的基础，乘着 2001 年中国加入 WTO 的时代巨浪，国内的散货船、油船、集装箱船市场被彻底带火，中国造船人的能力也慢慢成熟。经过这十年，中国的船厂基本上已经把这三种船型全面突破了。到 2010 年，在以载重吨指标计算的手持订单量和新接订单量方面，中国都已经排名世界第一。我所在的外高桥造船也已经成为中国民船与海洋工程领域的第一船厂。这段时期，对我和每一个造船人来说，是一个工程管理能力、研发设计能力、建造能力全面提升的阶段。我们的世面见多了，能力提高了，船也就能越造越大、越造越复杂了。

2010 年上海举办世博会，那时我第一次体验邮轮出行。当时我们全家乘坐的歌诗达经典号邮轮，无论是宏伟磅礴的外观造型，还是美轮美奂的内部装潢，都给我留下了难以忘怀的印象。不仅在房间能随时欣赏海景，船上丰富的娱乐活动也丝毫不会让人感觉到无聊。邮轮刷新了我对出行的感知，让整趟旅途充满了浪漫梦幻的色彩。但在那个时候，我还想象不到中国造船何时会涉足大型豪华邮轮的设计制造，更想不到自己会担任邮轮重大工程的总师。

没想到很快，2013年，习近平总书记在海南三亚国际邮轮母港考察时指出，大力发展邮轮产业是一件利国利民的好事。要大力发展邮轮产业，还要建造我们自己的邮轮。当时，运营在中国各大邮轮母港的十余艘大中型邮轮全部都是欧洲制造。于是作为世界最大造船集团的中国船舶集团启动了邮轮工程的策划论证工作。2014年10月，我被任命为外高桥造船副总经理，并专项推进大邮轮项目，启动了邮轮工程前期论证的准备工作。2014年11月，我们组团去考察意大利芬坎蒂尼集团，登上了一艘正在建造中的邮轮，说实话，近两个小时的现场考察，头脑发蒙，觉得这就是一个几乎不可能完成的任务，抛开设计的难度和系统的复杂性、现场的复杂工艺之外，工程组织远远超出了我们的项目管理能力，对方当时还告诉我，那一艘邮轮还有4个月就要交船，我好歹也干了多个大型海工装备项目，内心感觉对方完全是在吹牛，结果4个月后芬坎蒂尼真交船了，这引发我更大的恐惧，因为背后一定有很多很多我们完全不知道的东西。

■邮轮工程作业现场二、三

2015—2017年，在确定引进－消化－吸收－再创新的邮轮工程推进总体路线的基础上，我们全面启动了和欧洲三大造船集团的正式接触，法国大西洋船厂认为我们不会实质性推进邮轮工程，选择了放弃与我方的进一步接触；德国迈尔集团没有给我们接触的机会，背后的原因基本可以判断为不想培养竞争对手；意大利芬坎蒂尼集团选择和我方进行实质性谈判，合作的战略意图深远，直到这两年我们才完全明白，尽管合作条款相当苛刻，谈判过程中作为主谈人的我也多次与对方吵架至不欢而散，但最终双方还是选择携手了，我方花巨资购买了一套芬坎蒂尼刚交付的一艘大型邮

轮的图纸，芬坎蒂尼提供相关支持服务，实质上是购买了一次合作机会。2023年9月，我们胜利完成了首制邮轮的完工试航，10月份法国、德国、意大利三家造船集团利用参加上海邮轮论坛的机会，派员来我司参观建造中的邮轮，我们也在策划组织一次四方合作交流对话，一些参与首制船建设的欧洲公司也纷纷表达了继续合作并扎根中国的意愿。邮轮工程推进的十年，我和我的团队最大的感受是：你把自己变得越强大，就越能赢得对手的尊重！

2016年8月，因为预判当时我们正在使用的软件无法满足邮轮的设计要求（邮轮工程的物量庞大，原有软件的数据库无法支撑，首制邮轮三维模型数据量突破1.2T，是其他常规船舶的数十倍），我们启动了邮轮三维设计软件的选型论证工作，历时三年，团队统一思想的过程相当漫长，从到底选择哪一款软件，到选择后是否立马全专业使用？（法国人花了5年时间在两个项目上分批实现各专业模块的全面应用），到调研韩国三星船厂该软件的二次开发提升设计效率的实绩，最终团队取得共识，找到了解决方案，投入了大量的人力财力进行二次开发工作，近600人第一次全专业全流程使用该设计软件，同步助推了设计数据在邮轮全流程的应用，在探索造船企业数字化转型方面快速推进，有效助力了邮轮工程首制船的建设。2022年首制船三维设计工作基本收尾，采购了同款设计软件的芬坎蒂尼集团大为惊讶地发现，我们的设计软件应用水平已经走在他们的前面，于是开始和我们接触，希望双方交流一下使用心得。

2019年10月18日，外高桥造船成立二十周年之际，中国首制大型邮轮实现开工节点，为邮轮工程配套的薄板生产流水线安装工程进展顺利，陆续进入设备调试阶段，2020年初的疫情使得薄板车间的调试工作全面暂停，我们被迫全手工焊接邮轮首制船钢结构，相比激光流水线的焊接，手工焊接热输入量大，造成邮轮薄板结构变形大，需要进行校平工作，否则会造成后续工程上大量的安装问题，同时也会影响到重量的控制，处理变形的传统手段是用水火弯板的方法，这对工人的专业化技能要求很高。本项目是使用了电磁校平设备，相当于用电熨斗熨衣服一样，大大降低对工人的技能要求，在工艺技术人员的指导下，历时一年，完成了总数近30万平方米的甲板/舱壁板的校平工作，同时联合外部单位实现了电磁校平设备的国产化，大大降低了成本，大幅提升了外高桥造船薄板结构的施工能力和水平，加快了外高桥造船产品结构的调整。工程和我们的日常生活一样，永远会充满意外，作为工程组织者，必须处惊不惊，直面问题快速求变，把不确定性变成确定性。

2022年5月中旬，船东合资方外

方股东非常严肃地提出邮轮首制船进度拖期严重，需要马上思考PLAN B(B计划)，修改交船期到2024年年底，这意味着当下的设计需要大面积修改，付出的成本不可想象，我认为这是我们团队自2018年合同签署以来面临最大的挑战。在全面分析技术状态和建造状态的基础上，我们否决了外方的提议，在双方都无法说服对方的情况下，我提议了双方以外高桥造船2022年6—9月的四个月的赶工实绩去评估2023年年底前交付的可行性。在缓解了当时甲乙双方激烈争议无法取得共识的同时，内部全面动员，先后启动实施了4个120天的赶工计划，细化底层计划和责任落实，加大相关方的协调力度和人力投入，外方对外高桥造船能够按合同期交付首制船的态度也从完全不相信到将信将疑，再到2023年6月份非常确信地告诉我，他们确信2023年交付没有问题。4个120天的赶工是外高桥造船敢于斗争、善于斗争的生动实践。终极目标固然美好，但也经常会让人感到遥不可及，明晰的阶段性目标更是指引前进的动力。

作为客户化定制特点相当突出的巨系统工程，邮轮集成了现代工业最新的发展成果和持续变化的流行元素，邮轮的设计建造难点从技术上和管理上都可以总结出非常多，如果用一句话来总结，那就是我们每天的工作都要面对和处理系统集成过程中的协同问题，除了大力推进数字化转型以提升管理效率之外，管理层重点关注项目团队的文化建设。首制大型邮轮直接参与人数超过5000人，又是一个跨国合作项目，光试航就有来自12个国家的100多名外籍工程师参与，日常在船上工作的外国人稳定在300人左右。我们不断探索尝试各种沟通交流方式，取得了很好的效果，如公司组织员工家庭日，邀请员工家属来厂登邮轮，员工邀请外国人到自己家中做客吃中国菜，举行赶工誓师大会，以系统和区域为单位组建多个中外联合小组等等，在此过程中我们深刻地感受到：只有建设和谐的团队文化，才能营造良好的沟通氛围、实现多方共赢！

100多年前，革命先辈带着追求真理、振兴中华的理想，搭乘远洋客轮，从黄浦江畔奔赴海外，踏上救国图强的航程；1921年，从上海石库门到浙江嘉兴南湖，一叶红船镌刻中国共产党为中国人民谋幸福、为中华民族谋复兴的伟大宏图，引领中华民族书写救亡图存的壮丽史诗。

100多年后，“爱达·魔都号”从党的诞生地上海出发首航，数代中国造船人的红船梦想有了时代回答。

古有福船，今有邮轮，变的是时代和技术，不变的是中国人锐意创造、逐浪前行的精神品质。兴船报国、向海图强，中国船舶工业实现了由“跟跑”到“并跑”再到部分“领跑”，由“技术引进”到“中国制造”再到“中国创造”的跨越。

饮水思源

上海交大人的作为

no.2

文 / 王海波[1]

1890年9月26日，在江苏淮安市板闸镇出生了一个男婴，他就是后来蜚声中外的著名造船专家杨俊生。

16岁那年，杨俊生东渡日本，开始了留学生涯。在章太炎先生的影响下，他接受资产阶级民主革命的思想，积极参加推翻清王朝的革命活动，并加入了孙中山先生领导的中国同盟会。

1911年，辛亥革命爆发。杨俊生毅然中断在日本的学习，回国参加革命。就在这激动人心的日子里，他见到了孙中山先生。中山先生问他在日本学习什么？他回答说学工程。中山先生沉思了片刻，说："你能不能学造船？我们中国的海岸线那么长，河流那么多，可现在行驶在这些航线上的，几乎都是外国人制造的轮船。不兴建自己的造船工业，我们何以立国？"杨俊生深感中山先生说得有理，从此，立志献身造船工业。

1916年，杨俊生重返日本，以优异的成绩考入了当时地位最高的东京帝国大学，选择了造船专业，在该校船舶工学科学习。1919年，杨俊生拿到了毕业文凭，经学校介绍，来到长崎三菱造船所，在商船设计科任工程师，同时兼任三菱高等工业学校教师。那时，他每天从早晨6点半一直工作到晚上9点，即使星期日也不休息，而是去图书馆阅读专业书籍和造船年报。为了购买图书，他几乎用尽自己全部薪水。在近5年的时间里他参与了从民用船只到军舰，从小型舰只到远洋客货轮的设计和制造。在积累了丰富的实践经验和专业知识后，杨俊生决定辞职回国。当他把辞职报告交给三菱造船所所长时，这个日本人竟

杨俊生

[1] 中国民主同盟上海市委宣传部原部长。

不敢相信自己的眼睛。在他看来，一个中国人能在日本找到这样一份工作，已经是相当不错了。“为什么要辞职？”他吃惊地问。杨俊生把自己想回国办船厂的打算告诉了他。不料此人竟以嘲笑的口吻说：“你们中国人搞什么造船工业？要用船找我们日本人造就是了。”杨俊生感觉受到极大的侮辱。从此，他痛下决心，要以毕生的精力振兴民族造船工业。

1924年5月，杨俊生怀着“实业救国”的理想，携妻带儿，回到祖国。初来乍到，由于对上海的情况不熟，办船厂的条件也不具备，他只得暂时受聘于东华造船株式会社，任设计工程师。这家造船株式会社，名义上是中日合办，实际上由日本人一手操纵。同样是东京帝国大学毕业的工程师，日本人可以担任验船师，中国人却无此资格。同等学历的职员，中国人的工资只有日本人的一半。更令人气愤的是，日本工头可以肆无忌惮地凌辱中国工人。所有这一切，使杨俊生无法忍受。他自办企业，为国争光的决心更坚定了。

1925年初，东华造船株式会社在建造“势多”“坚田”两艘日本炮艇时，因管理不善造成严重亏损，宣告倒闭。杨俊生当即立断，向银行贷款数千元，买下了东华造船株式会社的部分旧机器，并向大阪商船会社临时租借十多亩土地作为工厂基地，于1926年10月，创办自己的造船厂。为了让中国人扬眉吐气，年轻气盛的杨俊生给这家小厂取了个响亮的名字——大中华造船机器厂。

建厂初期，大中华造船机器厂先后为国内几家航运公司建造了“长风”“正大”“民享”“天赐”号等多艘长江客货轮以及“天行”号破冰船。其中，令杨最为得意的是“天行”号破冰船的设计。在没有实践经验的情况下，他根据文献记载，进行了大胆的设计，并取得了成功。

在建造船只的同时，大中华造船机器厂还在浙江、江苏、江西等地修建了部分钢结构厂房、储油罐、油池和桥梁，以公道的价格和良好的质量，赢得社会各界的赞许。

在半殖民地半封建的旧中国，民族工业要想在官僚资本和外国资本的夹缝中得到发展，是何等的艰难呐！1930年，大中华造船机器厂原址的租期已满，大阪商船会社一再逼迫杨俊生迁厂，他只得另选厂址。当时上海沿浦江一带均被外国资本家占用，根本没有民族工业的立足之地。杨俊生只好通过关系去找杜月笙帮忙。杜月笙给他介绍了浚浦局局长宋子良，这位宋局长让局里的英籍总工程师查德利给杨俊生找一块地皮。查德利根本瞧不起中国人，不相信中国人能办什么船厂。他叫人找来一张地图，在上面随手画了一小块，说给中国人造船足够了。1931年1月，杨俊生终于将厂迁至查德利圈划的复兴岛，从此奠定了大中华造船机器厂的厂址。1935年春，大中华造船机器厂承接浙赣铁路桥梁工程，就在杨俊生带领职工赴江西工地之际，一件料想不到的事发生了：工厂在建造“大达”轮时，出现了亏损，洋商趁火打劫，告到法院，工厂濒临破产，杨俊生的家也被法院封了门。在此关头，著名律师沈钧儒仗义执言，在法庭上慷慨陈词，力言工厂不能破产。金城银行总经理周作民、民生轮船公司总经理卢作孚以及永利制碱公司总经理范旭东鼎力相助，终于使大中华造船机器厂摆脱了困境，经改组，更名为“中华造船股份有限公司”，卢作孚任董事长，厂长仍由杨俊生担任。

就这样，杨俊生不屈不挠，坚持办厂，在那个风雨飘摇、内忧外患的年代，为民族工业争得了一席之地。

1932年初，也就是杨俊生将大中华造船机器厂迁至复兴岛，开始修造厂房时，淞沪抗战爆发了，船厂被日军侵占。同年3月，中日停战会议在沪举行，杨俊生立即与日本驻沪总领事村井苍松交涉，要求归还工厂。经村井联系，日军司令部同意归还，但提出了一个要求，要杨俊生本人去司令部面谈一次。翌日清晨，在村井总领事的陪同下，杨俊生来到了日军司令部，接待他们的是日军参谋长喜多诚一。见面后喜多诚一的第一句话便是：“为什么留学日本的中国人总是抗日？”杨俊生镇定自若地回答：“那是你们日本人的教育好。”望着目瞪口呆的喜多诚一，杨俊生淡然一笑，接着说：“日本的学校总是教育要忠君爱国，这忠君爱国，自然是各忠其君，各爱其国。中国虽无君，国犹在。如果留学日本的中国人都成了汉奸，那才是日本教育的耻辱……”话音未落，喜多诚一即大声嚷道：“知道了，知道了！”又问日中关系用何种方式才能改善，杨俊生说：“只有日本方面改变对华政策，中国人一向爱好和平，讲求人不犯我，我不犯人。”喜多诚一听后沉默不语，后下令立即撤出大中华造船机器厂。

6年后，正当摆脱破产危机不久的杨俊生开始重整旗鼓时，卢沟桥事变发生了。杨俊生立即派大中华造船机器厂的部分职工赴湖南湘潭建立分厂，并打算建筑湘江大桥援助抗战。不料因日机轰炸，运输中断，工厂不能开工，大桥亦无法修建。杨俊生只得让职工将机器埋入地下返回上海。“八一三”淞沪抗战爆发，日本大举进攻上海，大中华造船机器厂又被日军侵占，杨俊生被迫离开朝夕相处的工厂。日方以归还工厂为条件，要挟他就任江南造船所所长，杨俊生断然拒绝。不久，时任自然科学研究所所长的日籍学者新城博士突然登门拜访，再次要他出任江南造船所所长，杨俊生义正辞严地说：“先生身为教授，且为本人先辈，应爱后辈以德，不应劝人背叛祖国。”一席话，说得这位新城博士面红耳赤，悻悻而去。日寇见直接要挟劝说不能成功，又转向杨俊生夫人西村郁子予以重賂，企图由她说服杨俊生。这位毕业于师范学校的日本女子以让杨俊生出任所长有损家庭和女儿的前途为由，一口回绝。从此，日本宪兵和特务便成了杨家的常客，为避免麻烦，杨俊生经友人介绍，拜静安寺主持持松法师为师，皈依佛门。汪伪政府成立后，周作民又邀他担任伪中央储蓄银行副总裁，杨俊生借口“已皈依佛门，不问世事”，坚持不就。那时的杨俊生每日身披袈裟，念经拜佛，日伪方面以为他已入空门，完全消沉了，其实他十分清醒，始终没有离开自己热爱的造船业，常常阅读专业书籍，并时刻关心着国家的前途，天天收听重庆电台广播。

抗日战争的胜利使杨俊生兴奋不已。他一面与国民党接收大员翁文灏交涉，要求发还工厂，一面与叶在馥、辛一心等造船专家一起拟订从日本战争赔款中提取部分经费，用以振兴民族造船业的计划。然而，事与愿违。工厂虽然归还，但已破旧不堪，难以发展。那份浸透了心血的计划，也被束之高阁，无人理睬。杨俊生只得向银行贷款，用以修建厂房，购买机器，以求对发展民族造船工业有所作为。但外国资本的排挤倾轧，国民党政府的腐败无能，让先天不足的民族工业雪上加霜。直至上海解放前夕，大中华造船机器厂规模简陋，生产萧条，只得靠出售囤积的钢材来维持工厂的生存。严酷的现实，使杨俊生对国民党政府的幻想破灭了。从1948年起，他开始秘密收听解放区广播，并通过李平心的介绍，结识了民革上海市负责人郭春涛，通过他们了解了党对民族工商业的政策。因此，在上海解放前，他不顾国民党反动派的谣言迷惑和威力胁迫，拒绝抽资外逃，决心留在上海迎接解放。

在祖国即将发生巨变的关头，自诩“对政治毫无兴趣”的杨俊生，终于站在人民的一边，在时代潮流的推动下，由旧中国跨入了新中国。

1949年9月，他聆听陈毅市长在上海各界人士座谈会的讲话后，被陈市长的豁达大度深深感动，立即把自己存有的黄金美钞兑换给人民银行，还积极认购公债。1951年6月，他从刚刚回国的中国人民第一届赴朝慰问团的上海工商界代表那儿获悉前线缺少飞机大炮，马上发动上海造船工业同业工会的成员，捐款购买飞机大炮，支援抗美援朝。

1949年后大中华造船机器厂不断发展的事实，使杨俊生感慨万千。经过认真思索，他决定把自己的工厂交给国家。1951年5月，杨俊生把这一想法告诉了有关领导。领导同志在肯定他的积极性的同时，向他说明了工厂为什么不能立即国有化的道理。1956年6月，中央机器工业部船舶局委派周之首为公方代表去大中华造船机器厂工作。周之首到工厂以后对那印象最深刻的是，杨俊生发自内心的欢迎和密切合作的态度。这年年底，大中华造船机器厂因生产发展，厂里的冲剪机不敷应用，生产受到影响。杨俊生想起抗战初期曾在湘潭将机器埋入地下的旧事，立即派遣船工前往，将这批埋藏多年的机器运回工厂，解决了工厂的燃眉之急。

1953年元旦，经政府批准，大中华造船机器厂成了我国首批公私合营企业，杨俊生担任了厂长和总工程师的职务，不仅有职权，而且充分发挥了技术专长。为使自己在政治上进步更快，1953年4月，他申请加入了中国民主同盟。1954年又光荣地当选为第一届全国人大代表。是年年底，经胡厥文介绍，杨俊生参加了中国民主建国会。1956年，国务院又任命他为上海造船学院副院长，同时他兼任了中国造船工程学会副理事长。

1978年，杨俊生被选为第五届中国人民政治协商会议全国委员会委员。1982年1月26日，在华东医院的病房里，杨俊生安详地合上了双眼，享年92岁。

饮水思源

上海交大人的作为

no.3

文 / 邮轮中国编委会[1]

本书封面的“邮轮中国”四字书法由民盟盟员、上海交通大学船舶海洋与建筑工程学院教授陈伯真书写。陈伯真教授不仅是船舶领域的资深专家，也是书画爱好者，他的作品曾在上海民盟慈善义卖活动上被一抢而空。在收到《邮轮中国》的题字邀请时，他欣然应允，并对《邮轮中国》寄予厚望。2021年8月，“邮轮中国”和logo分别获国家商标注册证书。让我们一起认识一下这位德高望重的老教授：陈伯真。

陈伯真（1936.3—2024.6），江苏昆山人。1956年毕业于上海交通大学造船工程系。历任上海交通大学助教、讲师、副教授、教授、博士生导师。陈伯真教授是我国著名的船舶结构力学专家，曾任《上海交通大学学报》编委，上海造船工程学会理事，中国造船工程学会力学委员会结构应力分析学组副组长、结构疲劳与断裂学组副组长，中国钢结构协会理事，中国海洋钢结构协会副理事长等职。1992年获国务院政府特殊津贴。1989年加入中国民主同盟。

陈伯真长年从事船舶与海洋工程结构力学的教学与科研工作。早在20世纪50年代末期，就参加了自编教材

[1] 根据《20世纪中国知名科学家学术成就概览：第三分册》“陈伯真”一文删减补充整理。

陈伯真书法作品

《杆及杆系的弯曲和稳定性》及《船舶振动》的编写工作。1959年，他用自编教材讲授的“杆及杆系的弯曲与稳定性”课程深得学生好评，每年还讲授船舶结构力学课直至1966年，曾被评为“上海交通大学先进工作者”。

“文革”结束后，百废待兴，中国的高等教育也逐渐走向正轨。1978年，陈伯真与陈铁云教授接受了主编全国统编教材《船舶结构力学》（陈伯真为第二主编）的任务。陈伯真将把过去以结构为对象的叙述改为以基本方法为对象来编写，从而形成了自己的教材体系，显示出新教材与国外同类教材的区别和特点。1980年《船舶结构力学》由国防工业出版社出版。1984年陈伯真出版的《船舶结构力学（修订本）》在全国高等院校造船专业使用后普遍得到好评，于1985年获得上海交通大学优秀教材奖一等奖，又于1988年获得中国船舶工业总公司颁发的全国高等学校船舶类优秀教材奖一等奖，并再获国家教育委员会颁发的1988年全国高等学校优秀教材奖。它是中国第一本关于船舶结构力学的教科书，在20世纪90年代还被台湾成功大学造船系选为教本。此书于1988年转上海交通大学出版社出版，在国内高等学校造船专业中被用了20余年，至今仍是主要参考教材。

除了教材以外，陈伯真还编写与船舶结构力学有关的教学指导文件和大量的习题、思考题、试题等，做过观摩教学，拍过教学录像，发表过教学法论文，做过课堂教具……为“船舶结构力学”的课程建设做出了很大贡献。“船舶结构力学”课程于1987年被评为上海交通大学一类课程。1993年由他主持编写的《船舶结构力学习题集》（上海交通大学出版社），获得了1995年上海交通大学优秀教材奖二等奖。

薄壁结构是船舶、航天、起重、车辆等工程领域中的重要结构。1965年陈伯真曾协助陈铁云教授编写出版了研究生教材《开口薄壁杆件的弯曲、扭转与稳定性》（国防工业出版社）。20世纪80年代，陈伯真为研究生教学重新编写出版的《薄壁结构力学》（上海交通大学出版社）成为一本比较完整的关于薄壁结构的教科书。经过多年使用后的修订本于1998年出版，被列入上海交通大学“九五”重点教材，是目前国内薄壁结构领域中一本比较全面的教学参考书。

结构可靠性是20世纪后期结构力学中的一个新领域。陈伯真编写了国内第一本关于船舶结构疲劳可靠性的专著《船舶及海洋工程结构疲劳可靠性分析》（胡毓仁、陈伯真，人民交通出版社，1996），该书出版后被不少院校用作教学用书，并获得了1997年上海交通大学优秀教材奖一等奖。

在科研上，陈伯真建立了舱壁扶强材作为扭转轴线固定了的薄壁杆件的力学模型，用薄壁杆件的稳定性理论及Galerkin法解决了这个问题，并作出了可供实际使用的曲线图谱。他的论文《舱壁扶强材的侧向稳定性》于1980年在《中国造船》第1期上发表。由于此解法远比苏联的方法要好，因此被编入全国造船专业统编教材《船体强度和结构设计》。20世纪80年代，陈伯真在为研究生讲授“薄壁结构力学”课程期间，与胡毓仁一起进行了用薄壁结构理论分析大开口船扭转问题的研究。编制的计算程序曾在国内造船界得到广泛的应用，“应用薄壁梁理论的船体弯扭静动力分析方法研究及程序开发”课题获得1999年中国船舶工业总公司科技进步奖二等奖。

液化气船，包括液化石油气（LPG）船和液化天然气（LNG）船，是一种高新技术的船舶。中国于20世纪80年开始对此进行研究和开发。中国船舶检验局也着手制定液化气船的结构规范。1986年陈伯真接受了中国船舶检验局下达的关于LNG船B型液舱的研究课题，他与胡毓仁结合对研究生学位论文和本科生毕业论文的指导，用热传导理论及有限元法分析了LNG船低温液舱的温度场，装载及预冷过程中的热应力以及基于破损安全原理的液舱强度的疲劳断裂分析等，并开发了计算程序。研究成果为制定中国液化气船的结构规范提供了技术依据，1989年通过了上海市高等教育局的鉴定。1992年他们又承接了中国船舶工业总公司下达的关于LPG船低温液舱

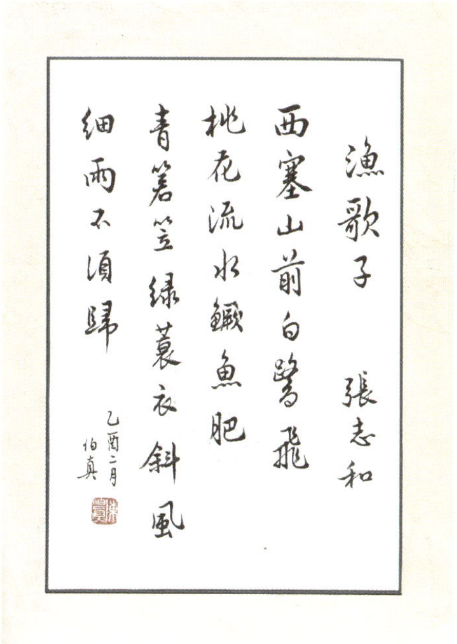

陈伯真书法作品

陈伯真生活照

温度场、热应力、疲劳损伤及可靠性计算方法研究项目（“八五”重点科技项目）。

20世纪70年代末，为了适应海上石油开发的需要，中国在海洋工程领域的研究纷纷兴起。在海洋钻井平台结构中，管节点（或称管状接头）的强度十分重要，成为世界各国海洋工程结构研究的重点之一。为了对海洋平台管节点有所了解，陈伯真在1980年集中了近三个月的时间，写出了《钻井平台管状接头强度分析》论文。1981年起，陈铁云教授和他带领的一批研究生进行了管节点强度和结构设计方面的系列研究工作，研究成果“海洋钻井平台管状接头强度与结构设计分析”于1985年在中国船舶工业总公司第702研究所通过鉴定，于1987年获得国家教育委员会科学技术进步奖一等奖以及国家科学技术进步奖二等奖(陈伯真为第二获奖人)。

1983年，为了更好地在国内组织和规划海洋平台管节点的研究，国家经济贸易委员会成立了中国海洋平台管节点研究委员会(Tubular Joint Research Committee for Offshore Structures，TJCOS)。陈伯真被聘请为委员会委员，在委员会中分管国内管节点应力分析研究的规划、协调及学术交流等工作，并获得国家经济贸易委员会下达的“大尺度管节点疲劳试验”的研究课题。在TJCOS的领导下，中国国产海洋平台用钢于1985年投产，并于1988年制成了第一批管节点模型。他所在的科研小组于1990年完成了8个大尺度管节点疲劳试验，并于1990年10月通过了中国船舶工业总公司的鉴定。在上述的管节点的研究工作期间，陈伯真开出了研究生课程“海洋平台管节点应力与疲劳分析”，并编写了中国第一本关于海洋平台管节点的教材（内部出版）。

1991年，陈伯真将以具体结构为对象的做法改为以学科领域为对象，并首选结构的疲劳可靠性这一较新的学科，开出研究生新课“船舶及海洋工程结构疲劳可靠性分析”，相关研究获得了高校博士学科点专项科研基金及国家自然科学基金的资助研究项目。1996年出版了前述的《船舶及海洋工程结构疲劳可靠性分析》教材。他指导的博士研究生程志虎的学位论文《海洋工程结构的NDT&E技术及其可靠性研究》在2002年获得上海交通大学优秀博士生论文。

经过多年的潜心研究，陈伯真的研究成果得到了国际学术界的认可，1984—1996年期间，他和合作者在国际期刊（如Thin- walled Structures、Computers and Structures、Marine Structures、China Ocean Engineering'）和国际会议[如“国际海洋、离岸和极地工程会议（OMAE）”]上发表了30余篇论文。他还先后出席了国际管结构安全设计会议（1986年，日本东京），欧洲近海结构用钢会议（SIMS）（1987年，荷兰），国际海洋环境性能评估会议（EVALMAT）（1989年，日本神户），太平洋海洋科学与技术大会（PACON）（1990年，日本东京），国际海洋结构大会（ISMS）（1991年，上海）等。1997年，他因参加“中挪文化教育交流计划”出访挪威，在挪威特隆赫姆的挪威科技大学海洋结构系作了学术交流，并顺道访问了英国伦敦大学学院。他还与国内接待过的国际海洋工程领域中的著名学者，如日本东京大学的饭田国广教授、吉田宏一郎教授，日本熊本大学的黑羽启明教授，英国伦敦大学学院的Dover教授，美国壳牌石油公司的Marshall教授等，保持比较密切的联系。

作为大学的一名教师，陈伯真严谨治学的态度、勇于创新的学术思想、率先垂范的工作作风、诲人不倦的高尚情操、宽厚慈爱的长者风范为我们年轻一代树立了人生的典范。1984年他的教学事迹在“上海民主党派与工商联为四化建设服务成果展览”上展出。他指导硕士研究生11名，博士研究生2名。共编写出版著作13本，发表论文114篇（含教学法论文7篇）。

在日常生活中陈伯真是个好丈夫、好父亲，他热爱家庭，热爱生活，待人平和，不与人争执，不计较得失。在处事上教导儿子要“勿以恶小而为之，勿以善小而不为”；在人际关系上做到“我有功于人不可念，而过则不可不念；人有恩于我不可忘，而怨则不可不忘”，他严于律己，每到一处都能和人结下真挚的友谊，广受尊敬和爱戴。1998年退休后在家中以书、画为乐。2005年后，他协助中国科学院资深院士杨槱教授编写出版了两本科普读物《话说中国帆船》（上海科学普及出版社，2007）和《人、船与海洋的故事》（上海交通大学出版社，2010）。除了文字工作外，他还为这两本书画了插图。2009年，陈伯真被聘为“北京郑和与海洋文化研究会”特邀研究员。

上海交大人的作为

no.4

文 / 上海交通大学机械与动力工程学院 MEM 项目

中国研究生工程管理案例大赛由中国学位与研究生教育学会主办、全国工程管理专业学位研究生教育指导委员会指导，是“中国研究生创新实践系列大赛”的主题赛事之一，是目前我国唯一被政府认可和指导的专门面向研究生群体的全国赛事。上海交通大学机械与动力工程学院曾获首届

获奖证书

上海交通大学

案　例：生产管理数字化赋能我国首艘大型邮轮建造

指导老师：郑美妹、潘尔顺

团队成员：徐佳煜、黄芳甸、吴思远、许振琪

在第二届中国研究生工程管理案例大赛中经专家评委组评定荣获

一等奖

中国学位与研究生教育学会　中国科协青少年科技中心

二〇二三年十二月

第二届中国研究生工程管理案例大赛获一等奖（2023年12月）

案例名称：生产管理数字化赋能我国首艘大型邮轮建造

队员姓名：徐佳煜、黄芳甸、吴思远、许振琪

指导教师：郑美妹、潘尔顺

赛道：重大工程建设赛道

一等奖	重大系统研发	高效协同的船舶重型物资智能可视化立体仓库管理实践	徐靖、汪洋、蒋嘉宝 沈夏雨、唐一蕾	蒋祖华

■ 第三届中国研究生工程管理案例大赛获一等奖（2024年10月）

大赛特等奖，2023 年获第二届大赛一等奖 2 项和二等奖 1 项，2024 年斩获一等奖（最高奖项）2 项，二等奖 2 项，三等奖 4 项，充分展现了学院 MEM 人才培养方面取得的丰硕成果。

我国首艘大型豪华邮轮生产过程复杂、生产时间紧张、生产过程计划控制难度高，属于定制型、复合型的系统工程，亟待数字化管理体系统筹策划、指导、精确控制生产过程，从而提高生产反馈效率，降低生产成本。案例通过构建数字化管理平台、搭建生产计划优化模型，实现了施工图纸数字化、进度看板数字化、报验流程数字化和完工流程数字化，保障了大型豪华邮轮的高效生产，为后续同类项目的建造方案优化提供了重要借鉴。

案例依托在外高桥船厂的工程管理实践，为解决国产大型邮轮、新一代汽车滚装船、集装箱船等高技术、高附加值船型的建造，通过将工程管理理论与生产建造实际相结合，建立起一套完善的物资供应链管理体系，以一种新型组织方式，实现对海量、重型非标物资的精细化管理，并将物资供应链管理覆盖到船舶建造的全生命周期。同时，通过充分研究运用现代物联网技术以及重型堆垛装备，将物资信息流从设计端切入到生产现场端的业务流中，形成从计划、设计、采购、供应商管理、集配物流到生产协同的新一代物资供应链管理智能引擎，实现了包括国产首制大型邮轮在内的各型船舶的顺利交付。本案例的工程化应用实现了船舶建造仓储成本的有效控制、提升了企业的管理决策能力，将进一步助力大型制造业物流新质生产力的高质量发展。

第六篇　邮轮文化

曹惠忠 / 摄

编者按：中国作为世界邮轮旅游大国目的地，现有 348 个地方剧种，每个剧种都有独具特色的唱腔和浓郁的地方色彩，“各美其美，美人之美”，细细领略和品味一下中华民族文明和璀璨的多元化地方戏曲吧……

地方戏的魅力

——《半园·珍珠塔》能否带火常州传统文艺

文 / 蒋云琳[1]

近期，每个周末晚上，不少戏迷朋友赶往青果巷半园，观赏常州首个园林实景剧《半园·珍珠塔》。自 2023 年推出以来，这一沉浸式喜剧已市场化演出近 50 场，场场爆满、一票难求，央视多次聚焦报道，全网曝光量超过 500 万次……

《半园·珍珠塔》海报

/ 壹 /

与传统戏曲不同，《半园·珍珠塔》的观众近 80% 是 80 后、90 后，甚至 00 后，神奇的是，新老戏迷对它的评价空前一致，“好笑、好看、好玩”。《半园·珍珠塔》凭什么闯入文旅演艺赛道，赢得年轻人青睐？

亦古亦今，戏曲也能现代。《半

[1] 常州文化广电和旅游局。

《半园·珍珠塔》剧照一、二、三

园·珍珠塔》取材自经典锡剧 IP《珍珠塔》，演出中融入了现代喜剧元素，rap 版“十不好”，姑母版印度舞等笑料、包袱不停，春晚团队设计的国潮美服也戳中了年轻人的审美点，传统文化与时代表达的结合，实现了常州对锡剧的创造性转化和创新性发展。

亦宾亦主，观众也是演员。当观众手持请柬，在说书人的带领下走向“御史府”时，沉浸式观剧之旅已悄然开始。打破戏剧的“第四堵墙”，观众可以帮管家读信，也可以领到方卿与小姐大婚的喜糖，“你看我演”变成了“主客共演”，游园、赏景、观剧、互动、社交等多元化体验激发了观众的情感共鸣和文化认同。

亦虚亦实，宣传也很时尚。锚定年轻观众，“线上 + 线下”全方位开展宣传推广，推出“喜剧 vlog”“半园格莱美”“霸总看戏”等系列短视频，开展青果巷路演游艺活动，打造 Q 版人物刘海贴、印章打卡本、卡通贴纸等吸睛文创产品，鼓励观演的“原点用户”转变成为“超级传播者”，吸引“围观群众”转变为“购票观众”。

/ 贰 /

当前，观众更加偏爱个性化、多元化、碎片化的文化娱乐方式，2023 年，微短剧迎来爆发式增长，成为 5 亿用户的“电子榨菜”，市场规模已达 373.9 亿元。尽管舞剧《只此青绿》《红楼梦》等优秀传统文化作品爆火出圈，吸引一批年轻人追捧“打卡”，但以戏曲为代表的传统文化仍面临较大困境，难以抢占年轻人的视觉中心。

旧粉多，新粉少。冗长式、程式化的传统演绎很难吸引年轻人，观众萎缩是大部分剧种的现状。江苏理工学院调查显示，在常州，仅有5%的10后听过传统戏剧，观众主体基本还是看表演身段、听经典唱腔的老戏迷，但随着他们的年岁增加，人数正在减少。

同款多，爆款少。当前，越来越多的戏曲开始着眼文旅融合，聚焦传统题材，开启沉浸式新观演模式。然而，不少作品仅仅是“新瓶装旧酒”“换汤不换药”，对创作审美的更新不够，对时代精神的解读不足，破圈的精品自然稀少。

叫好多，叫座少。“酒香也怕巷子深”，多数文艺作品只关注创作的内容，在项目运营、宣传推广、文旅体验、用户服务、文创开发等方面的经验欠缺，优质作品淹没在信息洪流中，陷入业内人士认可、领域专家称赞、市场观众无感的怪圈。

《半园·珍珠塔》剧照四

/叁/

浙江的环境式越剧《新龙门客栈》迎来“泼天的富贵”，B站戏曲晚会《上元千灯会》播放量高达3000万，常州的《半园·珍珠塔》一再加演……可见换位思考、大胆创新，敢于主动接受市场检验，用市场之手推动文旅产品在市场中走进年轻人的世界，实现自我造血、自我迭代，才是关键。

产品数字化。数字技术的飞速发展给文旅产品带来了更多想象的空间，戏曲类文旅产品可以借助 AR、VR、XR、6DoF 等数字技术手段，增强产品高度还原的现场感和沉浸式的视听效果，给予观众更加丰富的交互体验，助力传统文化创新活化。

场景生态化。“羊毛出在狗身上”，传统文艺的市场价值不仅仅在产品本身，更在于与产品相关的其他文化生态，可以尝试植入书店、综合体、咖啡馆等时尚化场景，以及与马拉松、音乐节、动漫、游戏等潮流文化联动，与奶茶、饮料、玩具品牌等开发联名文创，以“传统文艺 +”的模式拓展影响与市场。

运营流量化。积极拥抱新媒体，通过短视频、直播等方式开展艺术普及。建立多维营销模式，培养、引进自带流量的网红名角，提升用户黏性。强化口碑营销，让文旅演艺的“流量”转化为文旅消费的“留量”，实现流量与购票转化的良性循环。

调整“打开方式”，主动搭上文旅融合的时代东风，以市场化、产业化思维运营项目，实现从文艺作品向文旅产品的华丽转身，《半园·珍珠塔》值得观摩、品读，常州文艺创新的前景值得期待。

《半园·珍珠塔》剧照五、六、七

《中国船舶工业（二）》特种邮票高清邮票图稿

文 / 邮轮中国编委会

中国邮政定于2024年4月23日发行2024-5T《中国船舶工业（二）》特种邮票一套4枚，面值各为1.20元，全套面值4.80元，沈嘉宏设计，整张枚数16枚，邮票规格为50×30毫米，齿孔度数13度，版别为胶印；另发行版式二含2套邮票，面值9.60元。各枚票名分别为：（4-1）航空母舰——山东舰；（4-2）055驱逐舰；（4-3）中国首制大型邮轮；（4-4）全球首款23000TEU双燃料动力集装箱船。

2017年4月26日，山东舰——中国第二艘航空母舰，也是中国第一艘完全自主研发制造的国产航空母舰，在中国船舶重工集团公司大连造船厂举行下水仪式。

055型驱逐舰（英文：Type 055 destroyer，北约代号：Renhai-class，译文：刃海级）是中国研制的新型舰队防空驱逐舰。

中国首艘055型导弹驱逐舰于2018年8月24日上午离开上海江南造船厂码头，进行首次海上测试。2019年4月23日，在庆祝人民海军成立70周年海上阅兵活动中，“南昌”号驱逐舰接受检阅。2020年1月12日，归建入列，舷号为101。

“爱达·魔都号”是中国首艘国产大型邮轮，全长323.6米，总吨位为13.55万，有24层楼高，2125间客房，最多可载乘客5246人。名字既体现了

■左图：(4-1) 航空母舰——山东舰

■右图：(4-2) 055 驱逐舰

■左图：(4-3) 中国首制大型邮轮

■右图：(4-4) 全球首款 23000TEU 双燃料动力集装箱船

上海制造的身份，又凸显了首艘国产大型邮轮在产品设计、艺术设计、体验设计上的追求。

中国船舶集团有限公司旗下沪东中华（造船）有限公司和中国船舶工业贸易有限公司作为联合卖方为世界著名航运公司——法国达飞集团建造的世界首艘 23000TEU 双燃料动力集装箱船“达飞雅克萨德”号，在上海长兴岛造船基地命名交付。被誉为“明星”船型的这艘双燃料动力集装箱船，一直以来备受业界广泛关注，它的成功交付是我国船舶工业高质量发展取得的重要成果，彰显了中国船舶集团作为世界一流造船集团雄厚的研发、设计和建造实力，标志着中国船舶集团在世界大型集装箱船领域成功实现从跟随到引领，书写了中国船舶工业新的荣耀。该船由中国船舶集团旗下第七〇八研究所设计，总长 399.9 米，型宽 61.3 米，货舱深度 33.5 米，甲板面积达到惊人的 23978 平方米，相当于 3. 5 个标准足球场，比目前世界最大航母还要长 60 多米。该船一次能装下 23000 只标准集装箱，可承载 22 万吨货物。而世界最大火车一次仅能装载 100 个标准集装箱，运载能力比为 230：1。

中国船舶工业
2010

中国船舶工业(二)

1.20元
航天测量船 中国船舶工业 CHINA中国邮政
2015-10
1.20元
L N G
薄膜型液化天然气运输船 中国船舶工业 CHINA中国邮政
2015-10
1.20元
海上浮式生产储卸船 中国船舶工业 CHINA中国邮政
2015-10
1.50元
172
导弹驱逐舰 中国船舶工业 CHINA中国邮政
2015-10

《中国船舶工业》邮票

《昆曲的故事》之四：琵琶行

文 / 江越声[1]　祖忠人[2]

俞振飞、言慧珠、李玉茹（左起第三、第四、第五）等人随中国戏曲歌舞团，乘坐邮轮出访欧洲七国

肆

剧照

昆剧《琵琶行》：二十四年前开全国实景演出昆剧之先河，二十四年后打造新古典主义再续前缘。

昆曲和唐诗，都是中华优秀传统文化的代表。两者的融合碰撞，则为当下中华文化的创造性转化、创新性发展提供了动力。若唐诗是中国文学的高峰，白居易的《琵琶行》在群峰连绵的唐诗风景中则属巅峰。

一千二百零八年前，唐朝大诗人白居易和琵琶女在秋夜江边诗意偶遇。

---

[1] 音乐媒体人。
[2] 音乐媒体人。

当时，白居易左迁贬为九江郡司马，谪居卧病浔阳城，心境落寞。他送客江边，偶然听到昔日名动京城的琵琶女在江上舟中自弹自奏，顿时兴起身世飘零之感，一时动情写下了“同是天涯沦落人，相逢何必曾相识”的七言叙事长诗《琵琶行》的千古名句。

白居易的字字珠玑，描绘了一个天涯琴女和一位落寞诗人“相会时彼此互放的光亮”，写尽人生的起伏与别离。

这首超级长诗，是自怜和叹惋，更是自恰和勉励。千年时光流逝，人与人之间的理解、懂得、共情，依然通过优美的文字发散温暖强大的精神光亮，照亮处于困境中的每一颗心灵。

早在2000年，昆曲表演艺术家梁谷音就收到剧作家王仁杰为之伏案创作十年的《琵琶行》剧本，一见倾心。她邀请电影导演黄蜀芹前来执导创排，唯一的要求是让昆曲“走出传统的剧场，走出镜框式舞台……要在园林实景里演出，才能让观众感受到它的诗情画意”。

由此，一粒创新的昆曲艺术种子就此萌发，随后昆剧《琵琶行》就在上海“三山会馆”的古戏台上演，开全国实景演出昆剧之先河。

曾记得2000年初版的《琵琶行》是在浦西江畔的三山会馆演出的，轰动一时。黄蜀芹确实给昆曲带来了焕然一新的面貌，她改变了原先镜框式的舞台呈现，让故事发生在一个开放通透的空间。她巧妙地借景黄浦江，让观众“游江而念江”，身临其境般地来到唐代浔阳江上，在那里大诗人白居易正和琵琶女“倩娘”体会跨越几十年的人生况味。

二十四年后的今天，上海昆剧团再排《琵琶行》，这次请来了黄蜀芹之子、著名导演郑大圣。而剧中饰演白居易的是梅花奖得主黎安，而琵琶女“倩娘”的扮演者正是郑大圣夫人，

剧照

也是梅花奖得主沈昳丽。众多元素合璧，强强联手，意欲再次打造出一出新古典主义昆曲《琵琶行》。

虽然导演从黄蜀芹变成了她的儿子，“倩娘”从梁谷音换成了沈昳丽，但不变的是这部《琵琶行》依然在黄浦江边由老船厂改建而成的1862时尚艺术中心剧场表演，观众依然可以感受到1000多年前浔阳江畔的邂逅与别离，伴随着江景时隐时现，透过后墙的落地窗，江船时而往来，为《琵琶行》铺垫了天然的底幕。

郑大圣说，新版《琵琶行》的创作思路，是试图找到和当代人对话的“气口”。为此他用电影手法穿插记忆和现实，让当下观众既“融入唐诗”，又可感受到时空之变，水流不息的黄浦江景，在一幕色彩沉郁的山水长卷背后徐徐展开。剧中的白居

■ 剧照

■ 剧照

易从室外登台，瞬间如穿越了千年时空翩然而至、赴约而来。随后，《泼酒》《商别》《相逢》《失明》《余音》五个章节一一呈现，倾诉人生悲欢离别，用一位观众的话来说就是“欣赏琵琶女与白居易之间的精神对话，一切充满当代精神”。

担任艺术指导的昆剧表演艺术家梁谷音表示她对郑大圣这次重排《琵琶行》就两个要求：“第一，已故编剧王仁杰的台词一个字都不要动。因为这个本子已经是极致，恐怕今天没有人可以超越。第二，具体的排演上，大圣可以延续母亲黄蜀芹的思路去自由发挥。”最后新版本排出来，梁谷音总体来说还是满意的。“基本上是尊重了原著，但在结构和舞美上有很多改变，我们初版演员表达传统的东西还是多一点，现在这一块少了，更强调整体的感觉。这可能更符合当代年轻观众的审美要求。”

从演出现场来看，两位青年昆曲表演艺术家在沉稳之中又有诸多突破，使得演出更符合当代观众的口味。沈昳丽声腔以五声音阶的南曲为主体，揭示倩娘凄美动人的内心世界。黎安声腔以七声音阶的北曲为主体，突出白居易悲怆凄凉的心态。

上海市文联专职副主席、上海市戏剧家协会主席、上海昆剧团团长谷好好透露，二十四年前，她在《琵琶行》里跑龙套，还是门口的检票员。“今天，我仿佛回到二十四年前，前辈艺术家继往开来的情怀，激励我们这代人致敬经典，激活传统，接过前辈手中的接力棒，虔诚而专业地在每个时代用作品回答观众的期待。”

乐起昆腔——江南丝竹源头履迹

文 / 蒋薇[1]

■ 上海熏风丝竹乐社演奏《风华国乐》

在我国的音乐文化传承中，以丝弦乐器和竹管乐器为基本编制的丝竹乐一直是民族器乐合奏形式的主体，江南丝竹便是其中最具有地域文化特色的乐种之一。江南丝竹风格优雅、曲调婉丽，既富有江南秀美之风，又尽显都市灵动之韵，以其典雅、细腻、清丽、委婉的音韵闻名于世，深受人民群众的喜爱，也极具艺术研究价值，堪称上海的一张音乐名片，2006 年 6 月被认定为上海市的第一批国家级非物质文化遗产名录项目。

要了解江南丝竹的发展，就需知其源头。关于江南丝竹的源头，一方面指的是这一乐种缘起的时间节点，考求江浙沪地区的丝竹音乐何时与中国历史上的丝竹乐产生承继关系，也就是乐种起源的时间问题；另一方面

[1] 中国民主同盟盟员、上海市文物保护研究中心副研究馆员。

指的是江南丝竹的地域性源头在哪里，也就是乐种形成于何地的问题。厘清江南丝竹的渊源，对其自身的传承与发展，以及民族音乐、民俗生活和群众文化等多个方面的工作均有意义。

一、乐种的时间起点

根据史料记载，中国民族管弦乐自汉朝就被称作丝竹乐，其间宋元时期的宫廷“教坊大乐”和广泛兴盛于民间的“细乐”等音乐形式，对后世丝竹音乐的发展产生了直接而深远的影响。明清时期，民间丝竹音乐的发展趋势有增无减，流布的区域也越来越广，并形成了许多地域性的乐种，其中就包括了江南文化特色鲜明的丝竹音乐。当时“细乐”在长三角地区的乡镇流行得十分广泛，因其是单纯以丝竹乐器演奏的音乐，为区别于当地盛行的吹打乐、锣鼓乐，不同地方对其又有“清音”“丝竹”“细乐十番”“细吹音乐”等不同叫法。同时也为了区别于西方音乐，近代人们还称其为“国乐”。历史上的丝竹音乐大多具有很强的民俗性，在民间相当活跃，多以乐社、小乐队的形式出现在节庆、集会、喜宴、丧事等活动中。江南地区那些名称不同的民俗音乐与宋元的“细乐”一脉相承，大体上是以笛、箫、笙、琵琶、三弦、胡琴等为主奏乐器的，乐队编制、演奏风格也大同小异。在传统吴越文化的长期浸润下，清末民初，逐渐形成了一种比较统一的、富有江南地区特色的丝竹音乐演奏样式，后来被冠名为“江南丝竹”。由此得知，长三角地区民俗性丝竹音乐起源于宋元“细乐”，成形于明清民间音乐，上述“清音”“丝竹”“细乐”“细乐十番”“细吹音乐”等的流行起始，

上海熏风丝竹乐社于上海音乐厅举办玲珑国乐专场音乐会

便是江南丝竹的前身初创时间。如果再往前追溯，其渊源就要远及汉魏相和歌、南北朝清商乐、隋唐燕乐中的丝竹乐合奏样式了。

二、乐种的地域源头

长期以来关于江南丝竹形成于何地，学术界众说纷纭，有两种观点比较突出。

第一种观点是“太仓说”。有的学者认为，江南丝竹可以上溯至明代末年。稽古钩沉可知，明朝嘉庆年间，以魏良辅为首的戏曲音乐家们，在江苏太仓南码头对吴中戏曲新声腔“昆腔”进行改造，在创制昆曲水磨腔的同时，还在乐曲伴奏方面进行了大量改革。其中乐师张野塘精于弦索，在与魏良辅的交往中习练南音，于是更定弦索音律，使之与南音相近，并组建了一支由弦乐、管乐、鼓板三类乐器组成，规模较为完整的丝竹乐队。这种成形于吴中（苏州地区）的弦索新乐，隐约就是江南丝竹的前身了。持这种观点的学者的主要依据是昆曲与吴歌的渊源。昆曲成功改革之后，太仓一下子涌现出大批昆曲乐师。后来昆曲渐渐衰落，这些乐师散落民间，促使昆曲的声腔和曲牌也与民间的音乐掺合起来，从而太仓丝竹乐中便有了昆曲韵味。其中流传至今的江南丝竹名曲《老六板》，与昆曲有着密切的关联，因此，这也就成为源头“太仓说”的一个佐证。

俞振飞与程砚秋合作《游园惊梦》（1923 年）（此剧是昆剧史上的代表曲目，至今仍被不断演绎和诠释）

昆曲和江南丝竹是中国传统民族艺术领域的两大瑰宝，江南地区的自然环境和历史背景为两者的发展成熟提供了土壤。江南地区气候湿润，水乡众多，这种独特的自然环境孕育了江南丝竹中柔美细腻的音色。同时，江南地区历史上经济繁荣、文化发达，为昆曲的兴盛提供了社会基础和舞台。

在长期的发展过程中，江南丝竹和昆曲相互吸收，融合了许多其他音乐流派和表演艺术的元素。江南丝竹吸收了北方音乐的豪放和南方音乐的柔美，形成了自己独特的风格。昆曲则吸收了元曲、南曲等其他戏曲流派的音乐元素，丰富了自己的艺术内涵。这种文化传承与演变促进了江南丝竹和昆曲的共同发展。

■ 左图：昆曲《牡丹亭》剧照

■ 右图：昆曲《长生殿》剧照

江南丝竹和昆曲在音乐元素上更是相互影响和借鉴。昆曲的丝竹乐队组合型态，本身也就是标准的江南丝竹乐队编制模式，因为江南丝竹音乐很多来源于昆曲曲牌。据记载，昆曲曲牌有1600种以上，除大部分是有唱词的曲牌外，也有一些是专门在演出时，为了伴奏演员身段、动作和制造气氛及过场应用的纯器乐曲牌，如《柳青娘》《小开门》《山坡羊》《老六板》等曲牌。这些纯器乐曲牌，经过当时许多丝竹名家的革新和发展，渐渐成为丝竹合奏者有名的曲目，以致后来正式脱离昆曲伴奏而发展为纯器乐形式的丝竹音乐新乐种。

此外，昆曲和江南丝竹所使用的最主要的伴奏和主奏乐器都是曲笛，昆曲笛与江南丝竹曲笛的演奏特点既有着诸多相似之处，亦有着各自鲜明的个性特点。昆曲行腔婉转，曲词典雅，与江南丝竹的秀丽有着异曲同工之妙。由此可见，江南丝竹音乐与昆曲音乐根植在同一土壤上、受同一地域文化语言的滋养，两者的交流与融合不仅丰富了江南地区的音乐文化，也反映了中国古代音乐的多样性和丰富性。这种深厚的渊源关系为两者的艺术发展提供了坚实基础。

第二种观点是“十番说”。持这个观点的学者，例如《江南丝竹传统八大曲》前言的作者庆年，认为江南丝竹曲目的形成可分为3个阶段，每个阶段都与“十番”音乐密不可分：第一阶段的乐曲，都是从十番乐曲《四合锣鼓》直接移植而来的，其代表乐曲《扬桥》《苏桥》《杭桥》等，在吹、弹、拉乐器新的音响结合下，采用曲艺胡琴的习惯定弦改调演奏，与原来的十番管弦部分相比，旋律流利动听了，音响也更柔和了，但丝竹的特点还没有充分显示出来；第二阶段，在“桥类”乐曲基础上产生了《三六》《行街》《四合如意》。这些乐曲继承和创造性地运用了业余十番的“集段”“集句”“联

苏南十番音乐是江苏无锡地区两个传统乐种的统称，即“十番鼓”和“十番锣鼓”

句”“自由加花”等编曲手法，明显具有丝竹自己的艺术特色，为后来丝竹的发展打下了良好基础；第三阶段，丝竹重视加花手法。在盛行定板式加花以后，丝竹就朝着绮丽的风格发展。这阶段除了创作出《中花六板》《云庆》《欢乐歌》外，又改编出《慢三六》和《慢六板》，并对早期的丝竹乐曲进行加花润饰。

与此同时，江南丝竹起源于太仓的立论，也有学者对它进行了分析和驳论。这些学者认为，弦索作为一种北曲清唱形式，发源于中州，张野塘的主要贡献在于改革了这种清唱的北曲。通过节奏、节拍上的调整，他使北曲清唱形式在音乐特征、演唱风格等方面更靠近昆山腔，即“北曲昆唱”。同时，为了适应这种改革的需要，他才开始考虑乐器伴奏的问题，从而丰富了昆曲的演唱内容和表演形式。至于“张野塘组建丝竹乐队”的说法是不能成立的，因为在诸多苏南民间器乐乐种中，最早、最直接地从昆曲中借鉴演奏方法的，当属“苏南十番音乐”。这些学者认为，后来出现的江南丝竹是通过苏南十番音乐间接得到传承的，从而得出“吴歌”与“吴中新乐弦索”不存在渊源关系的结论。

这里需要介绍一下，什么是“十番”音乐。苏南十番音乐是江苏无锡地区两个传统乐种的统称，即“十番鼓”和“十番锣鼓”，它们都是包含丝竹乐器合奏和打击乐器合奏的音乐形式。对于“十番”的理解，可以说是见仁见智。例如，民族音乐学家杨荫浏先生将“十番”解释为“十次”，也就是“多种变化”的意思。同时，杨先生还指出“十番鼓”和“十番锣鼓”虽然十分相似，但实际上是“两种截然不同而且互不相关的音乐，非但所用打击乐器种类及其奏法，均大不相同，而且所用管弦乐曲牌亦无一相同”。

据考证，明代末期，在江南地区的城市里出现了一种以民族管弦乐和锣鼓乐相结合的器乐合奏形式，即十番锣鼓的雏形。发展至清代，“十番”已经成为此类器乐合奏形式的名称，同时有了职业和非职业的分化。据1795年《扬州画舫录》记载，“十番”音乐活动至少在18世纪晚期就已经在无锡等江南地区广泛流行了。“十番”音乐中所用的丝竹乐器，如笛子、箫、胡琴、琵琶和三弦，都可以在以后的江南丝竹乐队中看到。唯一明显不同的是，“十番”音乐有时候会用到小唢呐，却不用扬琴，而在江南丝竹音乐中，扬琴是很重要的乐器之一，并且从来不使用唢呐，这应与扬琴传入中国及流行于江南地区的时间息息相关。另外，纵览杨荫浏先生搜集到的“十番”传统乐曲，没有一首与江南丝竹的曲目完全相同，但江南丝竹的音乐风格却与“十番”音乐中丝竹部分的音乐风格十分相似，只是江南丝竹比“十番”更加精进，曲式结构更加复杂。

当时，以职业谋生为主的“十番”，出于专业性的要求，乐曲篇幅大、结构繁复、锣鼓程式严谨；而非职业的“十番”主要是丰富百姓文娱生活的音乐，大多乐曲短小、结构自由、锣鼓程式也不那么严格，这就使得它随时有向别的演奏形式转变的可能。那一时期的丝竹爱好者们演奏的一首叫作《四合锣鼓》的乐曲，就成为“十番”向丝竹转化的一座桥梁。据典籍所记，在清朝咸丰庚申年（1860 年），《秘传鞠氏琵琶谱》的手抄本中已载有《四合》一曲，而它的成形版本问世时间还应往上追溯许多年份。《四合》是一个完整套曲，自成一系，《四合锣鼓》与它渊源深厚。传承至今、广负盛名的江南丝竹“八大曲”中，《三六》《行街》《云庆》便是直接选取《四合锣鼓》的部分旋律素材，以江南丝竹特有的旋法技巧改编加工而成，而《四合如意》《慢三六》也与《四合锣鼓》有着不少曲调联系。另外，1895 年，晚清浙江平湖派琵琶艺术家李芳园编撰的《南北派十三套大曲琵琶新谱》中附有《虞舜熏风曲》和《梅花三弄》，这些曲谱与后世江南丝竹中相关曲目的旋律大致相同。由此不难推断，至少在清代 1860 年以前，江南丝竹乐曲就已在江南民间流行开了。

尽管目前还需对江南丝竹源生地点进行更精准的考证，“十番”向丝竹转化的过程，也还没有实物资料可以直接地加以引证，但从清末民初至

上海熏风丝竹乐社于上海音乐厅举办“乐起昆腔”音乐会

后世的江南民间文艺展演中的一些现象，例如，滩簧系统的戏曲音乐里至今存在着丝竹风格的旋律，以及丝竹乐曲中至今保留着滩簧风格的创作痕迹等看来，可以认为江南地区曲艺形式中的胡琴，特别是滩簧胡琴，在促使这种转化中起着十分关键的作用。

三、源头的辩证观

综上所述，对于江南丝竹乐种形成的源头，只局限于某个固定时间和某一个城镇或某一个地方乐种的探究，似乎都很难自圆其说。其实，从地域文化的角度来看，任何一个乐种，在其形成的过程中都会受到其他艺术形式的影响，并从中汲取养分。作为地域性的民间音乐，江南丝竹也不会例外。许多专家认为，江浙地区以及上海城乡的丝竹音乐，早期并不是作为独立乐种而存在的，它要么是与戏曲、曲艺、民歌小调、民间舞蹈等民间艺术形式共生共存，要么是作为民间吹打乐的组成部分，要么是以自娱性质的民间独奏或合奏形式而存在。各种艺术形式你中有我、我中有你，依附在一起，相互影响又相互促进。江南丝竹是长三角地区民间的“吹打”“细乐”“清音”“丝竹”等合奏形式演变发展到近现代才出现的独立乐种。探究江南丝竹源头，我们可以推断，江南丝竹的形成与发展，与其特定的历史条件、人文环境息息相关。

江南丝竹是音乐，也是文化，更是江南人民生活方式的音乐表达，我们传承江南丝竹，传承的是江南人文的文化基因，传承的是江南民间音乐的血脉源流。

上海熏风丝竹乐社于上海音乐厅举办“五音疗愈”音乐会

港城巡礼 第七篇

曹惠忠 / 摄

邮轮航线介绍

文 / 邮轮中国编委会

蓝梦邮轮

33 晚环亚行（上海 - 厦门 - 香港 - 柬埔寨西哈努克港 - 越南胡志明市 - 曼谷林查班 - 吉隆坡槟城 - 马六甲 - 新加坡 - 文莱穆拉港 - 公主港 - 马尼拉 - 那霸 - 济州岛 - 上海）

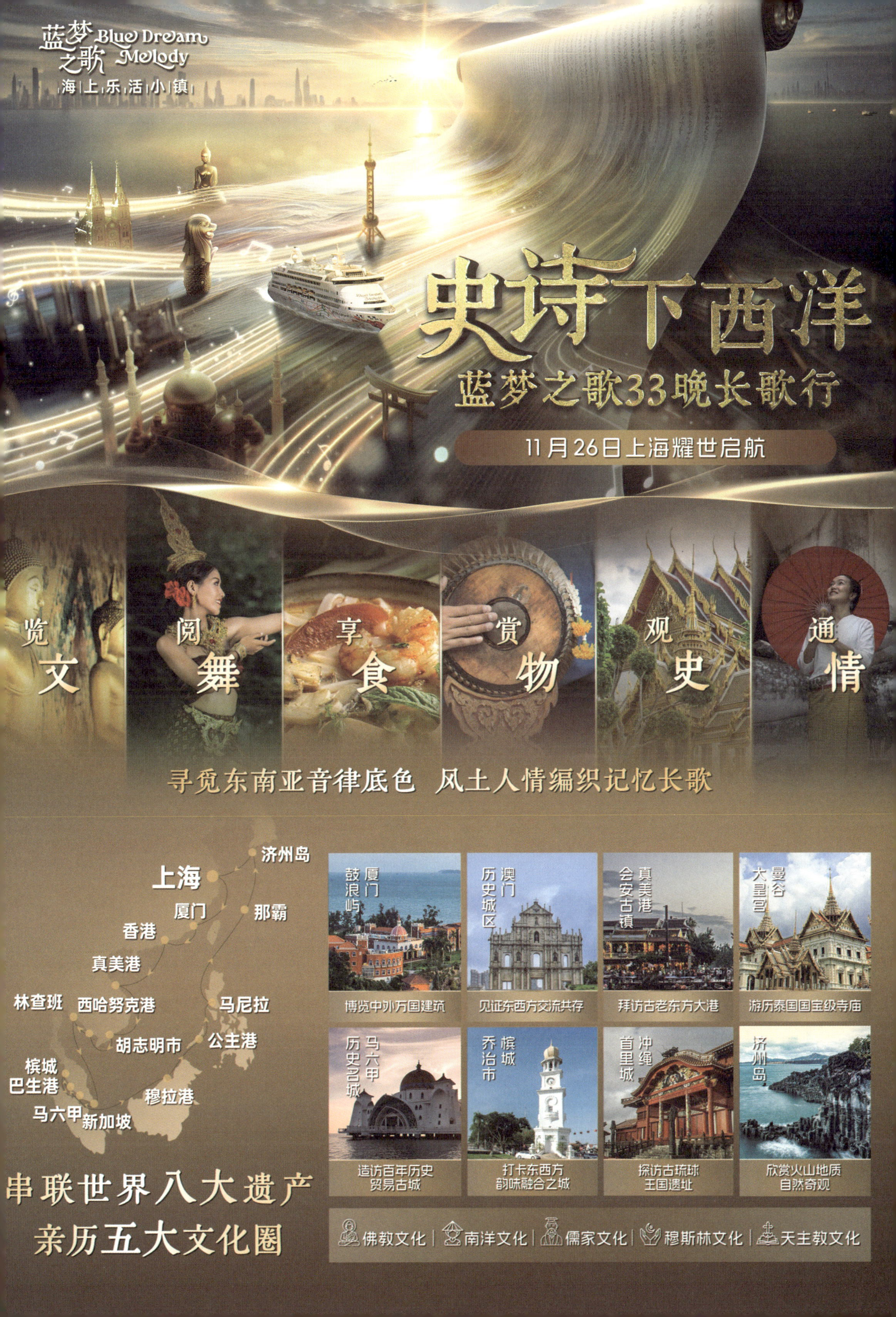

蓝梦之歌 Blue Dream Melody
海|上|乐|活|小|镇
史诗下西洋
蓝梦之歌33晚长歌行
11月26日上海耀世启航
览文
阅舞
享食
赏物
观史
通情
寻觅东南亚音律底色 风土人情编织记忆长歌
济州岛
上海
厦门
那霸
香港
真美港
林查班
西哈努克港
马尼拉
胡志明市
公主港
槟城
巴生港
穆拉港
马六甲
新加坡
厦门 鼓浪屿
博览中外万国建筑
澳门 历史城区
见证东西方交流共存
真美港 会安古镇
拜访古老东方大港
曼谷 大皇宫
游历泰国国宝级寺庙
马六甲 历史古城
造访百年历史贸易古城
槟城 乔治市
打卡东西方韵味融合之城
冲绳 首里城
探访古琉球王国遗址
济州岛
欣赏火山地质自然奇观
串联世界八大遗产
亲历五大文化圈
佛教文化 | 南洋文化 | 儒家文化 | 穆斯林文化 | 天主教文化

蓝梦邮轮
Blue Dream Cruises
蓝梦之歌33晚长歌行
33晚超长航线 到访15港17站 游历10个国家与地区
11月26日
启航
中国·上海
11月28日
第1站
中国厦门
远眺骑楼
领略闽南风土
11月30日
第2站 过夜
中国香港（澳门）
12月1日
第3站
中国香港
高楼掩映
邂逅摩登多元
12月3日
第4站
越南真美港
在水一方
探访海滨风光
12月5日
第5站
越南胡志明市
东方巴黎
迷失西贡往事
第6站 12月7日
柬埔寨西哈努克
海风拂面，奇遇碧水白沙
12月8日
第7站 过夜
泰国林查班（曼谷）
万佛国度，感受万象包罗
12月9日
第8站
泰国林查班（芭提雅）
娱乐至上，邂逅浪漫海滩
12月12日
第9站
新加坡
文明花园
神往永夏之城
第10站 12月13日
马来西亚吉隆坡
大马之魂，繁华不夜之城
第11站 12月14日
马来西亚槟城
怀旧浪漫
启封小城故事
12月15日
第12站
马来西亚马六甲
海丝路口
刻留古城印记
12月18日
第13站
文莱穆拉
富庶国度
造访热带风情
12月20日
第14站
菲律宾公主港
潜游海底
奇遇蔚蓝乌托邦
12月22日
第15站
菲律宾马尼拉
度假胜地
探索岛屿风情
12月25日
第16站
日本那霸
昔日王国
探访琉球文化
12月27日
第17站
韩国济州岛
水岸绰约
共赏海天一色
到港 12月29日
上海
Blue Dream Melody
邮轮信息
总吨位数 42,289吨
甲板楼层 12层
舱房数 609间
满载客数 1580人
船厂制造 德国
翻新年份 2024

爱达·魔都号

巡游东南亚五国，解锁全新邮轮视角
只需办理2个签证，就能一次性解锁多个港口玩法

从厦门出发，在落日的见证下
告别这个"一城春色半城花"的美丽城市

第一站 马尼拉

马尼拉·菲律宾

穿越圣地亚哥堡见证菲律宾的历史变迁
转身回到现代都市于SM商城肆意Shopping

第二站 亚庇

亚庇·马来西亚

当清晨的第一缕阳光划过沙巴基金大厦顶端
去东南亚最美的沙巴大学里看看粉红清真寺

第三站 麻拉港

麻拉港·文莱

站在苏丹皇宫前一览马来西亚的建筑杰作
置身红树林中与文莱国宝长鼻猴亲密互动

第四站 新加坡

📍新加坡

必打卡的城市地标和文化象征——鱼尾狮公园

穿梭家东娘惹文化保留区探索独特的娘惹故事

第五站 富美

📍富美·越南

感受19世纪圣母大教堂的庄严肃穆

在保大皇行宫里挖掘越南皇室的秘密

最后从广州上岸

还能一睹小蛮腰的靓丽身影

海上狂欢「不打烊」

除了一站式体验异国他乡的多元精彩

还有独具特色的邮轮玩法丰富大家的航行乐趣~

告别舟车劳顿和沉重的行李悠游海上

开启“躺平式旅行”的极致体验

15家风格各异的餐厅及酒吧全天候接力
随处可见中国味，随时满足中国胃
地道泰餐抢鲜开炫，东南亚风情无缝衔接

穿梭东南亚特色集市，感受热带文明的活力
走进《风情地中海》，沉浸于全景歌舞秀的视听魅力
在金色尼罗河派对中，尽情释放甩开疲惫

冬天，就是要去温暖的地方过呀
快带上爱的人一起出发吧~

全家出行

趁着假期，来场无人打扰的家庭聚会
一家人整整齐齐地观赏精彩纷呈的歌舞秀表演
丰富的餐厅选择也可满足不同成员的味蕾需求
在海上留下独一无二的温馨回忆

年轻搭子

说走就走的海上旅行跟年轻人的适配度可达100%
海上的SPA，KTV，健身房、游泳池应有尽有
还有从早到晚的PARTY聚会和艺术活动
从物理到精神，真正带你远离日常生活的忙碌与焦虑

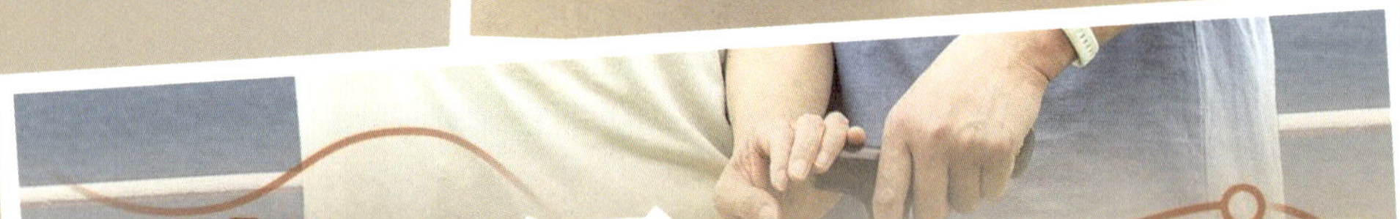

岁月同游

出海不限年龄，七百多个月的大宝贝也可以
选择赏枫佳季错峰出行更能享受精神的宁静
可以坐在甲板上安静地欣赏海天一色的美景
也可以打开社交圈结识更多同龄好友

渤海轮渡

轮渡之旅：央视文旅推荐的海上浪漫体验

文 / 渤海轮渡集团股份有限公司

继“生生 2”号客轮成为大连港东五街网红船之后，渤海轮渡旗下船舶再登抖音热榜，并登上央视文旅，被推荐给所有热爱旅行、向往自然之美的朋友们。

豪华体验：渤海轮渡旗下有 16 艘客滚船，其中“中华复兴”轮是亚洲最大、最豪华的客滚船。船舶提供有宽敞舒适的客房，包括带观光阳台的VIP海景房和家庭房等，还有露天餐厅、烧烤甲板、儿童休闲娱乐场所等，满足旅客多样化需求，是“海上的五星级酒店”。

海上日出：当轮渡缓缓驶离港口，东方的地平线上开始泛起淡淡的金色。站在甲板之上，迎接新一天的第一缕阳光，那是一种难以言表的感动。朝霞将整个天空染成了橘红色，而大海也仿佛被赋予了生命，波光粼粼，美不胜收。

“中华复兴”轮

渤海轮渡航行中

喂食海鸥

喂食海鸥：随着航行，成群结队的海鸥会紧随其后。你可以准备一些面包屑，向这些活泼可爱的小精灵挥挥手，它们就会在你周围盘旋，甚至勇敢地从你手中取食。这份与大自然的亲密接触，将会是你旅途中难忘的记忆。

轮渡不仅是一种交通工具，更是一种生活方式的选择。当您选择渤海轮渡后会发现，每一次呼吸都充满了自由与宁静。无论是那抹温柔的晨曦，还是那些自由翱翔的海鸥，都在诉说着大海的故事。让我们一起启程，去感受这份难得的宁静与美好吧。

“中华复兴”轮航行中

第八篇

邮轮与港口

■曹惠忠 / 摄

2024 年邮轮行业热点

文 / 邮轮中国编委会

（1）国家移民管理局官网发布：2024 年 5 月 15 日起乘坐邮轮来华的外国旅游团可免签入境。经商外交部、国家发展和改革委员会、交通运输部、商务部、文化和旅游部、海关总署，并报国务院批准，国家移民管理局决定从 2024 年 5 月 15 日起，乘坐邮轮并经境内旅行社组织接待的外国旅游团（2 人及以上），可从天津、辽宁大连、上海、江苏连云港、浙江温州和舟山、福建厦门、山东青岛、广东广州和深圳、广西北海、海南海口和三亚等 13 个城市的邮轮口岸免办签证整团入境停留不超过 15 天。

（2）央视新闻客户端（2024 年 8 月 11 日）：乘着国产邮轮去看世界成了当下时尚的出行方式。国产邮轮的诞生带火了什么？邮轮旅行能成为新时尚是因为它将旅游的交通工具也变成了景点，大家可以在船上参观艺术展、看话剧、品尝各国美食，为旅行增添了不少亮点。大部分游客会在上船前或下船后留出几天时间在上海玩一玩。邮轮不仅自己“火”了，还带“火”了港口城市。

（3）广州南沙大力发展邮轮游艇经济，推进“港艇北上”。2024 年 11 月广东省政府官网发布了《广东省推动游艇产业高质量发展行动方案（2024—2027 年）》（下称《方案》），提出广东将力争到 2027 年，全省游艇登记数量达 4000 艘以上，游艇及关联产业规模达 1000 亿元以上。该《方案》也将为南沙发展邮轮游艇经济提供政策助力。

（4）2024 年 11 月 8 日，聚焦“全球视野下的邮轮旅游产业生态重构”主题的“2024 吴淞口论坛（Shanghai International Cruise Summit，SICS）”在宝山召开。开幕式上，三游协会接续发布《中国邮轮游船游艇行业发展报告（2023—2024）》；上海市技术标准创新基地（邮轮产业）正式揭牌。

（5）2024 年 11 月 13—14 日在第六届中国上海国际邮轮船舶修造论坛暨展览会上，中船邮轮科技发展有限公司首席战略专家黄雪忠表示，虽然过去近 20 年我国邮轮产业实现了快速发展，但是直到2024年，我国自主建造、自主运营的“爱达·魔都号”获得商业运营成功，我国邮轮产业才真正具备自主管控能力和产业循环体系，这其实意味着中国邮轮产业才刚刚起步，未来发展潜力巨大，中国邮轮市场规模有望达 1400 万人次。

（6）中国经济时报（2024 年 4 月 25 日）：邮轮经济被誉为“漂浮在黄金水道上的黄金产业”。此前，我国在邮轮经济链条上，主要集中在“消费者”环节，未来国产大邮轮的建造和运营将引领邮轮经济的新航程，进一步开辟高技术、高附加值的高端市场。根据中国交通运输协会邮轮游艇分会和上海社科院联合发布的《邮轮对中国的经济贡献》研究预测，到 2035 年，邮轮对中国总体经济的贡献值有望达到 5500 亿元。目前，我国已成为世界第二大邮轮市场，仅次于美国。

（7）2024 年 11 月 30 日，“2024 中国邮轮经济发展高峰论坛”在中欧国际工商学院（上海校区）举行。会上发布“2024 中国及亚洲邮轮经济景气指数”、《2024 中国邮轮产业发展报告》，还举行了中国美术学院邮轮文化研究中心揭牌仪式。中船邮轮科技发展有限公司董事长、爱达邮轮有限公司董事长、中国三游分会（CYSA）会长杨国兵，上海外高桥有限公司总经理陈刚，皇家加勒比集团全球高级副总裁、亚洲区主席刘淄楠分别做题为“中国邮轮产业高质量发展建议”“国产邮轮研制历程与发展的设想”“如何振兴中国游轮业”的主旨演讲，大家围绕议题进行了高层次、多视角、实质性的探讨和交流。

（8）汪泓（中欧工商学院院长、原宝山区委书记）：新时代下中国邮轮经济正迎来新的发展机遇，基本呈现出三大特点：一是国产邮轮的强势崛起，如“爱达·魔都号”实现下水并商业化运营，体现出中船集团与意大利芬坎蒂尼在邮轮制造方面引进、消化、吸收的成功合作；二是本土邮轮市场份额逐步提升；三是邮轮旅客个性化与定制化需求日益突出，消费者追求的不仅是共性体验，更注重餐饮、游玩、活动的独特性。中国的消费潜力还没有完整释放出来，中国邮轮和亚太邮轮发展距国际标准尚有一段距离。

（9）郑炜航（中交协邮轮游艇分会常务副会长兼秘书长）：对于中国邮轮产业的发展有五点建议：①建议成立上海邮轮协会，发挥参谋纽带作用，统一认识、形成合力，助推上海邮轮高质量发展；②建议制定《上海邮轮产业发展规划（2026—2035）》，构建未来十年上海邮轮经济整体框架，做好顶层规划；③建议大力推动康养邮轮发展，为中国老人提供“邮轮+康养”新生活；④建议打造邮轮入境游换乘港，联合周边文化资源，将上海打造为国际邮轮入境游换乘港；⑤建议做实亚太邮轮船供中心，共同构建“中国国际邮轮食品认证服务系统”，促进中国产品进入国际邮轮采购供应链。

（10）谢燮（交通运输部水运科学研究院邮轮发展首席研究员）：在《中国邮轮初级阶段论以及跨越初级阶段的标志》一文中说，国际上的邮轮港，几乎看不到多元化发展的案例。鉴于此，跨越初级阶段的标志，是少数邮轮港口的多元化发展模式获得稳定收益，具备可持续发展的可能。大多数邮轮港口回归其本质属性，为游客登离船提供丝滑顺畅的服务。另外一个标志，是邮轮港与邮轮公司建立资本层面的合作关系，邮轮公司能够深入邮轮港建设和运营中，不断打磨游客的登离船服务，从而形成游客体验的闭环。

（11）据《中国船舶报》预测：预计2024—2025年，年均新船需求12艘。预计2023—2028年邮轮市场将快速复苏，乘客量将从2023年的3150万人增长至2028年的4100万人，年均增长率达5.25%。

（12）2024年10月25日下午，东方邮轮旗下的“梦想号”邮轮缓缓驶入青岛国际邮轮母港，这标志着“梦想”号邮轮首次以青岛作为始发港航线的正式运营。据了解，“梦想号”邮轮靠泊的同时，从船上共计1500余名旅客顺利登陆青岛邮轮母港，这批旅客中绝大部分来自京津冀地区。时逢周末，不少落地旅客选择将大鲍岛、啤酒博物馆、栈桥、崂山等青岛特色景点，作为下一站的目的地。

（13）2024年11月28日“蓝梦之歌”号邮轮由上海驶出，靠泊厦门国际邮轮中心，这是国内母港出发的首条东南亚超长航线，也是近十年国内出发唯一的超长航线。

（14）国产预包装食品首次直供邮轮在沪顺利完成。由上海外高桥集团采购的1000罐啤酒顺利补给至“爱达·魔都号”邮轮，完成上海首批以邮轮直供物资方式补给预包装食品通关试点。

（15）2024年11月21日，《邮轮运输服务指南》（下称《指南》）等14项交通运输行业标准经审查通过，并在中华人民共和国交通运输部网站公告。据悉，发布的标准均为推荐性标准，由人民交通出版社股份有限公司出版。本次发布的《指南》适用于中华人民共和国境内港口始发的邮轮提供的国际及港澳台邮轮运输服务，以及海上游邮轮运输服务，提供了邮轮运输服务的总则、服务能力保障和服务提供等方面的指南。

（16）据“邮好会”公众号报道：“招商伊敦”号邮轮缓缓驶离温州洞头状元岙国际邮轮码头，为此年度在温州的最后一航画上句号，同时也宣告了温州港2024年3个月近4000人访温邮轮旅游活动的圆满结束。

(17)2024年11月27—29日，“2024第十一届广州国际海事展”由中国船舶工业行业协会、中国造船工程学会主办，汇集10多个国家和地区300多家参展企业。展会期间召开“2024第五届中国船舶工业转型升级高质量发展论坛”，论坛分享了水下无人系统、绿色修船、电动船舶、航运科技、海洋科技等方面的成果。

(18)2024年12月招商工业海门基地发布：建造的极地探险邮轮“道格拉斯·莫森号”（Douglas Mawson）定于2025年交付，随后该船将长期包租给澳大利亚的极光探险队（Aurora Expeditions）运营。

(19)“中船邮轮”公众号（2024年11月18日）：2024年末将近，爱达邮轮宣布推出跨年主题航次，“爱达·魔都号”跨年航次于2024年12月29日自上海出发，历时6天5晚，造访冲绳与八重山诸岛。“爱达·地中海号”则于2024年12月30日自广州出发，历时5天4晚，造访岘港。跨年航次中，船上将举办四小时不间断的缤纷派对，主会场与两个分会场联动，来自世界各地的演出团队将呈献融汇东西方文化精髓的精彩演出。宾客们还可在甲板上共同迎接2025年的第一缕晨曦，欣赏海上日出，开启崭新的一年。同时，恰逢商业首航一周年纪念的“爱达·魔都号”，将为宾客打造融合中华传统文化精髓的爱达东方·跨年音乐会。传统民乐与唐乐俑将在此精彩碰撞，带领宾客穿越时空，领略盛世大唐的辉煌与繁华汴京的迷人风情。